Kick Box Robic Basics

Fitnesstraining für Einsteiger

Für Jan

Bedanken möchte ich mich bei Christoph Klausmann für die Erstellung der Fotos.

Sonny Klausmann

KICK BOX ROBIC BASICS

Fitnesstraining für Einsteiger

Meyer & Meyer Verlag

Die Deutsche Bibliothek – CIP Einheitsaufnahme

Klausmann, Sonny:
Kick Box Robic Basics / Sonny Klausmann.
– Aachen: Meyer und Meyer, 2002
(Sport Trends - Trend Sports)
ISBN 3-89124-855-5

© 2002 by Meyer & Meyer Verlag, Aachen
Adelaide, Auckland, Budapest, Graz, Johannesburg, Miami,
Olten (CH), Oxford, Singapore, Toronto
Member of the World
Sport Publishers' Association (WSPA)
Druck: Vimperk AG
ISBN 3-89124-855-5
E-Mail: verlag@meyer-meyer-sports.com

Inhalt

Im Folgenden wird der Einfachheit halber einheitlich die männliche Anrede gewählt. Natürlich werden beide Geschlechter damit angesprochen.

Einführung

„Boxen, Kickboxen, Kämpfen im Ring – nein, danke, das ist nichts für mich", kommt Ihnen das bekannt vor? Dann ist dieses Training genau richtig für Sie. Denn Kick Box Robic ist kein realer Kampfsport. Dennoch sind die Bewegungen schnell, dynamisch und kampforientiert.

In den USA schnupperte ich bereits 1998 aus Neugierde in eine Kickbox-Stunde hinein. Mit der ersten Stunde wuchs mein Interesse stetig. Ich spürte, wie anspruchsvoll das Training für meinen Körper ist. Wichtig für mich ist, dass ein Training abwechslungsreich ist und viel Spaß macht. Schnelle, gleich bleibende und kräftige Bewegungen lassen mich abschalten vom Alltag, Anspannungen und Stress abbauen, das Selbstbewusstsein steigern.

Kick Box Robic ist nicht nur in den USA ein heißer Trend, sondern erfreut sich auch in Deutschland zunehmender Popularität. Leider gibt es bislang in Deutschland nur wenige qualifizierte Kickbox- oder Tae Bo-Trainer, die Unterricht anbieten.

Kick Box Robic Basics ist das Grundlagenwerk für alle, die sich für Kickboxen interessieren und das Training von der Pike auf erlernen und fachgerecht ausüben möchten. Anhand dieses Buches lernen Sie, Ihr eigenes Training qualifiziert und sicher aufzubauen und in die Praxis umzusetzen. Es wurde speziell als Heimtraining konzipiert. Auf Grund seiner Vollständigkeit in den theoretischen Erläuterungen und der umfassenden Praxisübungen ist es aber auch für Übungsleiter und Fitnesstrainer ein unverzichtbares Basiswerk.

Kick Box Robic Basics vermittelt detailliert und leicht verständlich ein komplettes Techniktraining aller wichtigen Punch- und Kickbewegungen, zeigt zahlreiche Kombinationen von Schlägen und Tritten und umfasst zusätzlich ein kickboxspezifisches Ausdauer-, Muskel- und Partnertraining.

Sie erlernen in diesem Training zwar alle wichtigen Grundschläge und -tritte des Boxsports, dennoch möchte ich betonen, dass dies kein Selbstverteidigungs- oder Boxkurs ist.

Falls Sie Kick-Boxing noch nicht ausprobiert haben, tun Sie es jetzt. Erlernen Sie Kick Box Robic mit diesem Buch. Ich verspreche Ihnen, dass Sie begeistert sein werden!

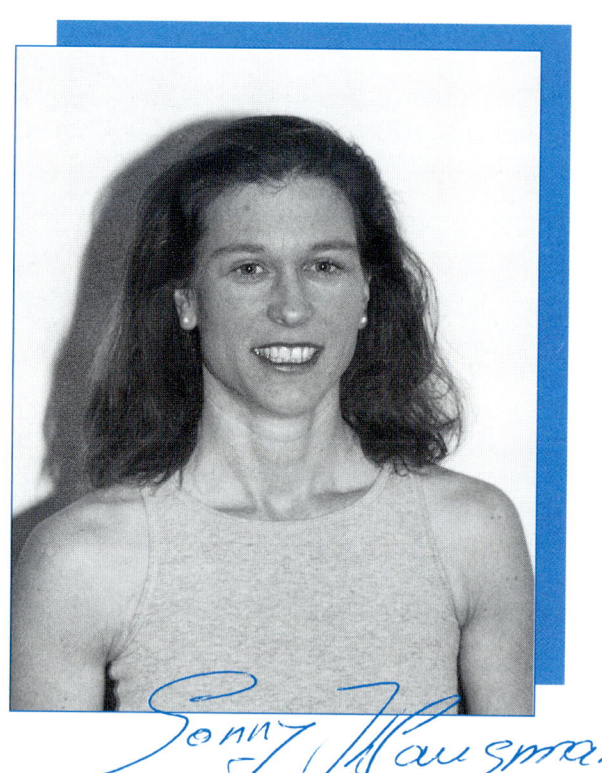

1.1 Was ist Kick Box Robic?

Das Training ist eine Mischung aus Kickboxen, Aerobic, Selbstverteidigung und Fitnesstraining. Modifiziert wurde das Training für den Einsatz im Fitness- und Gesundheitssport.

Kick Box Robic ist ein körperlich anspruchsvolles Training, das gleichzeitig Ausdauer-, Kraft-, Schnelligkeits-, Koordinations-, Flexibilitäts- und Balancefähigkeiten verbessert. Die Bewegungen sind gelenkschonend, da Boxschritte fließend-gleitend und springende, hüpfende Bewegungsanteile gering sind.

Im Gegensatz zu den herkömmlichen Aerobic-Stunden ist Kick-Boxing im Stundenaufbau einfacher und unkomplizierter, weniger tänzerisch, mehr athletisch und daher schnell zu erlernen. In einem Ausdauertraining werden meistens nur die Beinmuskeln trainiert. Kick Box Robic jedoch trainiert durch die Ausübung von Boxschlägen und Trittbewegungen sowohl die Bein- und Gesäß- wie auch die Schultergürtel-, Brust- und Armmuskulatur. Kick Box Robic ist ein vielseitiger und dynamischer Allroundsport, der Körper und Geist stärkt. Es ist für Frauen und Männer gleichermaßen geeignet, gleichgültig wie alt Sie sind und welche sportlichen Vorerfahrungen vorhanden sind.

1.2 Kleidung und Ausrüstung

Sie können Ihr Training alleine und sicher zu Hause durchführen, sollten allerdings einen angemessen großen Raum zur Verfügung haben, in dem Sie sich gut bewegen können. Für den Anfang sind bequeme Kleidung und ein solides, rutschfestes Paar Turnschuhe mit einem guten Puffersystem im Vorfußbereich (keine Gymnastikschläppchen) ausreichend.

Das Springseil ist nicht sehr teuer, aber für ein effektives Kick Box Robic-Training sehr wichtig, da es die Ausdauerleistungsfähigkeit verbessert und gleichzeitig Koordination und Beweglichkeit sowie eine schnelle Beinarbeit trainiert. Das Seil kann aus Hanf, Gummi oder Stahl bestehen und sollte an beiden Enden Griffe haben. Je schwerer das Seil ist, desto höher ist die Drehgeschwindigkeit. Die richtige Seillänge ist wichtig. Stellen Sie sich etwa mit schulterbreit geöffneten Beinen hin, das Seil befindet sich unter Ihrem rechten und linken Fuß. Das Ende des Seils sollte bis zu Ihren Achseln reichen.

Für das Muskeltraining ist eine Gymnastikmatte empfehlenswert.

Wenn Sie richtig Gefallen am Kickboxen gefunden haben, lohnt es sich, sich Boxbandagen, Boxhandschuhe und einen Punching-Sack zuzulegen. Die Box- und Kickbewegungen werden dadurch nicht nur authentischer, sodass Sie noch mehr Spaß an diesem Sport finden, sondern vor allem auch kraftvoller. Sie erzielen dadurch einen größeren Trainingseffekt.

Boxbandagen schützen und stabilisieren Gelenke und Knochen und werden ähnlich einem medizinischen Stützverband um die Hand gewickelt. Die Bandagen bestehen aus 2,5 m langen und 5 cm breiten Binden. Es gibt verschiedene Methoden, die Bandagen anzulegen. Eine Möglichkeit wird in Kap. 7 „Partnerdrills" beschrieben.

Boxhandschuhe schützen die eigenen Hände bei Schlägen gegen den Gegner. Wenn Sie Boxhandschuhe tragen, sollten Sie zuvor unbedingt Finger und Handgelenke mit Boxbandagen bandagieren. In diesem Kick-Box Robic-Training haben die Boxhandschuhe die Funktion, Schläge kraftvoller auszuführen und zusätzlich mit Gewichten zu arbeiten. Für Damen empfehlenswert sind Handschuhe mit 12 oz, Männer 16 oz (1 Unze = 28,4 g). Je schwerer die Handschuhe, desto größer ist die Dämpfung sowie der Kraftanteil, mit dem Sie Schläge ausüben. Allerdings nimmt die Schlaggeschwindigkeit ab.

Der Boxsack ist ideal für ein effektives Schlag- und Tritttraining, denn er fördert insbesondere Schnellkraft und Kraftausdauer. Durch die Pendelbewegung wird zudem das Zeit- und Distanzgefühl (Timing) verbessert. Der Boxsack sollte mindestens 80 cm lang sein. Da er sehr schwer ist, sollten Sie beim Aufhängen auf eine stabile Befestigung in der Decke achten. Er sollte so aufgehängt werden, dass er bei Punches in Rumpfhöhe hängt, für Kicks etwas niedriger. Der Sack sollte daher an der Kette höhenverstellbar sein. Alternativ gibt es Säcke auf Ständern.

Wenn Sie Partnerübungen ausführen möchten, sind Handpolster *(Pratschen)* nötig. Das sind Handschuhe, an denen ovale Lederkissen befestigt sind. Beim Partnertraining schlagen Sie gegen die Pratschen Ihres Partners. Da das Schlagtraining auf ein bewegliches Ziel erfolgt, werden insbesondere Koordination, Treffgenauigkeit und Reaktionsvermögen geschult. Der Partner kann mit der richtigen Führung der Pratschen den ständigen Wechsel von Angriff, Verteidigung und Ausweichbewegungen provozieren.

1.3 Persönliche Zielsetzung

Jede Person hat andere Vorstellungen von einem gesundheitsorientierten Fitnesstraining. Bestimmen Sie zunächst Ihre persönlichen Trainingsziele. Nur, wenn Sie genau wissen, was Sie durch ein Training erreichen möchten, können Sie Ihr Training richtig aufbauen und entsprechend Ihren Vorstellungen ausüben.

Physiologische Ziele können sein:

- Steigerung des allgemeines Wohlbefindens.
- Verbesserung der Ausdauerleistungsfähigkeit.
- Verbesserung sportartspezifischer Bewegungsabläufe.
- Muskelaufbau und Gewebestraffung.
- Reduzierung des Körpergewichts und Fettabbau.
- Verbesserung der Koordination und Flexibilität.

Psychologische Ziele können sein:

- Steigerung des Körpergefühls.
- Förderung des Selbstwertgefühls und Stärkung des Selbstvertrauens.
- Wahrnehmung und Steuerung der körperlichen Belastbarkeit.
- Abbau von Stress und Anspannungen.

Warum Frauen und Männer gerne Kick Box Robic ausüben?

Weil es,

- ein vielseitiges und abwechslungsreiches Fitnesstraining ist.
- ein ganzheitliches Körpertraining ist.
- gleichzeitig die Ausdauer fördert, die Muskelkraft stärkt, die Beweglichkeit, Koordination und das Reaktionsvermögen schult.
- gelenkschonend ist, da Kick- und Schlagbewegungen fließend-gleitend erfolgen.
- einen einfachen Trainingsaufbau hat.
- eine Anpassung an die Erfordernisse des Alltags bietet.
- Ärger, Aggressionen und Stress abbaut.
- das Selbstwertgefühl und die Selbstsicherheit steigert.

② Physiologische und anatomische Grundlagen

Alle sportlichen Betätigungen basieren auf der Durchführung von Bewegung, d. h. von Muskelaktivität. Damit Muskelarbeit stattfinden kann, muss Energie vorhanden sein. Der Körper wandelt dafür chemische in mechanische Energie um. Energiebereitstellende Systeme des Körpers sind: Atmung, Kreislauf und Stoffwechsel. Neben den verschiedenen Formen der Energiebereitstellung ist weiterhin der Bewegungsapparat für das Zustandekommen sportlicher Bewegungen wichtig. Der Bewegungsapparat ist ein System von Muskeln, Knochen, Bändern, Sehnen und Gelenken. Ansatz und Ursprung der Muskeln, Sehnenlänge und Elastizität sowie die Art der Gelenke bestimmen letztendlich die Bewegungsmöglichkeiten sowie die Bewegungsqualität.

2.1 Das Herz-Kreislauf-System

Das Herz-Kreislauf-System ist das wichtigste Transportsystem des Körpers. Dieser Kreislauf transportiert z. B. Sauerstoff, Kohlendioxid, Nährstoffe wie Kohlenhydrate, Fette und Eiweiße sowie die Endprodukte des Stoffwechsels. Das Blut dient dabei als Transportmittel, fließt durch Gefäße und versorgt den gesamten Körper. Das Herz ist die Pumpe, die diesen Kreislauf antreibt und nie still stehen lässt.

Bei den Blutzellen werden drei Gruppen unterschieden:
Rote Blutkörperchen (Erythrozyten), weiße Blutkörperchen (Leukozyten) und Blutplättchen (Thrombozyten). Der Sauerstoff, der für jede sportliche Bewegung benötigt wird, heftet sich sozusagen an die roten Blutkörperchen an. Im Gegensatz zu einem Untrainierten, hat eine ausdauertrainierte Person einen höheren Anteil an roten Blutkörperchen im Blut, sodass für eine bestimmte Aktivität in gleicher Zeit dem Muskel mehr Sauerstoff zur Verfügung steht.

Das Herz-Kreislauf-System besteht aus einem *kleinen Kreislauf*, dem Lungenkreislauf, und dem *großen Körperkreislauf*. Dieses System ist geschlossen. Die linke Herzkammer wirft sauerstoffreiches Blut in den Körper aus. Durch Arterien fließt es zu allen wichtigen Organen und Gefäßen und gelangt über die Venen zurück zum Herzen.

Das Herzvolumen ist die Blutmenge, die vom Herzen pro Minute ausgeworfen wird. In Ruhe beträgt das Herzminutenvolumen ca. 5-6 l und kann unter Belastung bis zu 20 l erreichen. Eine Steigerung der Herzleistung (Herzminutenvolumen) kann über die Erhöhung der Herzfrequenz oder des Schlagvolumens erfolgen. Bei untrainierten Personen erfolgt die Steigerung überwiegend über die Erhöhung der Herzfrequenz. Dies macht sich durch schnelles Atmen und einen erröteten Kopf bemerkbar. Das Herz pumpt schneller und schneller, ohne aber mehr Sauerstoff auszuwerfen.

Effektiver hingegen ist die Erhöhung des Schlagvolumens, da dann in der gleichen Zeit mehr Blut ausgeworfen und somit mehr Sauerstoff vorhanden ist. Die Atmung bleibt ruhiger und gleichmäßiger, wie dies bei ausdauertrainierten Personen der Fall ist.

Grundsätzlich müssen für ein allgemeines aerobes Ausdauertraining folgende Voraussetzungen erfüllt werden:

- Mindestens ein Sechstel der gesamten Skelettmuskulatur muss an der Bewegung beteiligt sein (das entspricht in etwa der Aktivität von zwei Beinen).

- Die Bewegung muss dynamisch und zyklisch (gleichmäßiger Bewegungsablauf, z.B. gehen und laufen) sein.

- Die Aktivität muss mindestens 12 Minuten ununterbrochen durchgeführt werden.

- Die für die Verbrennung notwendige Energie muss immer unter ausreichender Zufuhr von Sauerstoff erfolgen.

Ziele des gesundheitsorientierten Herz-Kreislauf-Trainings:

- Stärkung des Immun-, Organ- und Gefäßsystems.
- Stabilisierung bzw. Förderung der Herz-Kreislauf-Aktivität.
- Erhöhte Ermüdungsresistenz.
- Mit zunehmendem Trainingseffekt arbeitet das Herz ökonomischer, d. h., es kann die gleiche Art von Arbeit mit weniger Sauerstoffbedarf abdecken.
- Erweiterung des aeroben Stoffwechsels mit Verbesserung der Fettverbrennung.
- Begünstigung des oxidativen Stoffwechsels.
- Verbesserung der peripheren Durchblutung.
- Nach Belastung wird Laktat (Milchsäure im Blut) schneller wieder abgebaut.
- Die Thrombozytenaggregation sinkt, das Blut bleibt dünnflüssiger und verklummt nicht so schnell.
- Reduziertes Thromboserisiko.
- Regulation des Blutdrucks. Der Wert des HDL-Cholesterin steigt, LDL-Cholesterin sinkt.
- Schutzwirkung gegenüber Arteriosklerose.

2.2 Grundlagen der Energiebereitstellung

Dem Muskel stehen drei verschiedene Formen der Energiebereitstellung zur Verfügung, die allerdings nur schematisch voneinander getrennt werden können. In der Praxis greifen die drei Energiesysteme wie Zahnräder nahtlos ineinander über.

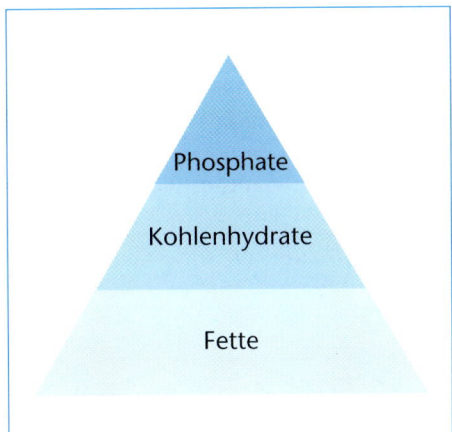

Abb.1: Energiesysteme des Körpers

Die Phosphate sind immer im Muskel gespeichert, Glykogen kann im Muskel oder in der Leber gespeichert sein. Das Leberglykogen dient allerdings überwiegend zur Konstanthaltung des Blutzuckers. Fette haben ihr Hauptdepot im Unterhautfettgewebe. Über das Blut gelangen die Fette in die Muskelzelle.

Die Energiebereitstellung im Körper kann im Wesentlichen auf zwei Wegen erfolgen; **anaerob** und **aerob**.

Werden Phosphate oder Kohlenhydrate ohne Zufuhr von Sauerstoff abgebaut, spricht man von **anaerober** Energiebereitstellung. Hierbei ensteht Energie (ATP = Adenosintriphosphat) mit dem Endprodukt Milchsäure (Laktat). Wenn zu viel Laktat im Blut ist, wird das Blut sauer, der Muskel ermüdet sehr rasch und kann nicht mehr weiterarbeiten. Die Bewegung wird dann abgebrochen. Diese Verbrennung findet grundsätzlich bei allen sehr intensiven und zeitlich stark begrenzten Bewegungen statt. Der Vorteil der anaeroben Energiebereitstellung ist, dass in sehr kurzer Zeit viel Energie für schnelle, kraftvolle Bewegungen freigesetzt wird. Nachteilig ist, dass in Betrachtung der gesamten Energiebalance (Input und Output), diese Energiebereitstellung unökonomisch ist, die Bewegung nur über sehr kurze Zeit ausgeübt werden kann und sich im Blut zuviel Laktat anhäuft. Zwischen 2-10 Minuten beginnt der Körper Kohlenhydrate zunehmend, mehr aerob zu verbrennen, wobei allerdings der anaerob-laktazide Weg der Verbrennung auch noch einen bedeutenden Anteil einnimmt.

Bei der **aeroben** Energiegewinnung erfolgt die Verbrennung der Nährstoffe unter Zufuhr von Sauerstoff. Verbrannt werden überwiegend Kohlenhydrate und Fette. Bei Bewegungen in einem ruhigen Tempo, die mindestens 45 Minuten andauern werden zunehmend mehr Fette verbrannt. Die aerobe Verbrennung erfolgt im Zitronensäurezyklus und der Atmungskette. Es entsteht Energie sowie die Endprodukte Kohlendioxid und Wasser, Produkte, die den Körper nicht belasten. Eine aerobe Verbrennung, bei der Fette verbrannt werden, können Sie stundenlang durchführen. Der Vorteil der aeroben Verbrennung ist, dass die Energiebereitstellung relativ langsam erfolgt und sich keine Milchsäure im Blut als Endprodukt ansammelt.

Bei allen aeroben Sportarten gewährleisten Sie diese Form der Energiebereitstellung durch eine gleichmäßige und ruhige Atmung. Muskeln und

alle inneren Organe werden dabei zu jeder Zeit optimal mit Sauerstoff versorgt. Können Sie sich bei Ihren sportlichen Bewegungen noch mühelos unterhalten, trainieren Sie im aeroben Bereich.

Was ist die aerob anaerobe Schwelle?

Aerobe Schwelle (AS), anaerobe Schwelle (ANS), aerob anaerober Übergang (AANÜ)

Für die Steuerung des Ausdauertrainings ist es wichtig, den Zusammenhang zwischen dem Übergang von der vorrangig aeroben zur überwiegend anaeroben Energiegewinnung zu kennen.

Bei niedrigen Belastungsintensitäten wird die Muskeltätigkeit durch den aeroben Abbau von Kohlenhydraten und Fetten ermöglicht. Wissenschaftliche Untersuchungen haben ergeben, dass dann nur 2 mmol/l Laktat im Blut enthalten sind. Die aerobe Schwelle (AS) wurde daher auf 2 mmol/l Laktat definiert (ZINTL, 1994). Bei ca. 4 mmol/l Laktat im Blut erfolgt die Energieversorgung fast nur noch anaerob. Dies ist die anaerobe Schwelle (ANS). Die o. g. Angaben sind nur Richtwerte und können individuell sehr verschieden sein. Zwischen 2 und 4 mmol/l liegt sozusagen ein Übergangsbereich, bei dem sich Laktataufbau und -abbau das Gleichgewicht halten (AANÜ). Dieser Zustand wird in der Trainingswissenschaft als *Steady State* bezeichnet. Voraussetzung zur Erreichung dieses Gleichgewichts ist, dass die Belastung im submaximalen Bereich liegt, die Sauerstoffaufnahme 45-65% des Maximalwerts beträgt, die Fortbewegungsgeschwindigkeit niedrig ist und die Belastung mindestens 12 Minuten andauert.

Zwischen Trainierten und Untrainierten lassen sich bezüglich o. g. Richtwerte große Unterschiede feststellen. Der Untrainierte hat einen geringeren Anteil an Phosphaten, Glykogen und Enzymen. Bei einer niedrigen Belastungsintensität erfolgt die anaerobe Verbrennung bereits sehr viel früher und nimmt einen höheren Stellenwert ein, die Kapazität zur aeroben Energiegewinnung ist geringer.

Die aerobe Schwelle (AS) des Untrainierten liegt bei 125-130 HF (Schlägen pro Minute), dies entspricht 45-50 % der maximalen Sauerstoffaufnahme = VO_2 max), die des Trainierten bei 150-160 HF (entspricht 60-65 % der maximalen VO_2).

Die anaerobe Schwelle (ANS) des Untrainierten liegt bei 140-150 HF (entspricht 50-70% der maximalen VO_2), die des Trainierten bei 170-175 HF (entspricht 70-80% der maximalen VO_2).

In der Praxis bedeutet das, dass eine trainierte Person eine bestimmte Leistung, z. B. eine 60-minütige Fitnessstunde oder einen 5-km-Lauf, mit höherer Intensität ausüben kann um seine Trainingsherzfrequenz zu erreichen. Bei intensiven Belastungen bleibt der Trainierte länger im aeroben Bereich, übersäuert nicht so schnell und kann die Bewegung mit weniger Anstrengung ausüben. Auch erholt sich der Trainierte viel schneller von der Belastung und ist schneller wieder fit.

Ziel eines gesundheitsorientierten Fitnesstrainings für Einsteiger ist die Ökonomisierung des Herz-Kreislauf-Systems. Daher sollten Sie im aeroben und nicht im anaeroben Bereich trainieren. Wählen Sie eine niedrige Belastungsintensität. Wenn Sie feststellen, dass Ihre Atmung flacher und schneller wird, Sie sich kaum noch unterhalten können, Ihnen nach dem Training übel oder schwindelig ist, trainieren Sie im anaeroben Bereich. Reduzieren Sie dann Ihre Trainingsintensität.

TOP

1. Ziel des Kick Box Robic Basics-Trainings ist die Ökonomisierung des Herz-Kreislauf-Systems und die Verbesserung der aeroben Energiegewinnung. Dies wird durch das Training der allgemeinen Grundlagenausdauer erreicht.
2. Das Grundlagentraining sollte im aeroben Bereich erfolgen. Punches und Kicks sowie alle Kombinationen werden im Basictraining in einem ruhigen Tempo ausgeführt, ohne Pausen, mit vielen Wiederholungen.
3. Eine Trainingseinheit sollte mindestens 30 Minuten, besser 40-70 Minuten betragen.
4. Trainieren Sie regelmäßig 3-5 x die Woche.

2.3 Muskulatur

Neben der Energie als Voraussetzung für Bewegung ist die Betrachtung des Bewegungsapparats wichtig. Dies ist ein System von Knochen, Gelenken, Bändern, Sehnen und Muskeln. Bewegung wird durch die Zugkraft der Muskeln ermöglicht. Die Zugkraft ist abhängig von der Art der Muskelfaser, der Zahl der aktivierten Muskelfasern, deren funktionellem Zustand sowie der Muskellänge.

Sportliche Bewegungen werden durch fein abgestimmten Muskeleinsatz ermöglicht. Zu Stande kommen Bewegungen dadurch, dass sich die Muskulatur zusammenzieht (Kontraktion) und wieder löst (Dekontraktion). Diese Impulse werden aus dem Nervensystem gesendet. Die Skelettmuskulatur ist unserem Willen unterworfen. Bei jeder Bewegung, sei sie auch noch so einfach, werden immer mehrere Muskeln aktiviert.

Beuger und Strecker arbeiten immer zusammen, daneben gibt es Muskeln, die dem Hauptmuskel helfen und unterstützen. Der Agonist ist der Muskel, der hauptsächlich für eine Bewegung verantwortlich ist, der Antagonist ist der Gegenspieler, damit die Bewegung gebremst und kontrolliert ausgeführt wird. Die Synergisten sind die mithelfenden Muskeln. Beispiel: den Arm beugen. Bei dieser Bewegung ist der Biceps (Armbeuger) der Hauptmuskel und für die Bewegung verantwortlich, also der Agonist. Der Triceps (Armstrecker) bremst die Bewegung, sodass die Armbeugung kontrolliert durchgeführt wird. Er ist der Antagonist.

Die Skelettmuskulatur kann in zwei verschiedenen Formen Arbeit ausführen: **statisch** und **dynamisch**.

Bei der **statischen (isometrischen)** Muskelarbeit entwickelt der Muskel Kraft, ohne dass eine sichtbare Längenveränderung stattfindet. Beispiel: Kniebeuge, die für 12 s gehalten wird.

Bei der **dynamischen** Arbeitsweise übt der Muskel eine Kraft auf Ansatz und Ursprung aus und verändert seine Länge. Man unterscheidet hierbei **konzentrisch** und **exzentrisch**. Bei einer dynamisch-konzentrischen Arbeitsweise verkürzt sich der Muskel bei gleichzeitiger Zunahme der Muskelspannung, Ansatz und Ursprung nähern sich einander an. Beispiel: Liegestütz. Konzentrisch für den Triceps (Armstrecker): vom Boden abdrücken und die Arme strecken. Exzentrisch für den Triceps: von oben langsam nach unten absenken und die Arme beugen.

Muskelfasern lassen sich in zwei Arten unterscheiden: die schnellen Weißen (FT – Fast Twitch) und die langsamen Roten (ST – Slow Twich). Die schnellen Muskelfasern überwiegen in Aktionsmuskeln, wie z. B. dem Triceps (Armstrecker). Die weißen Muskelfasern gewinnen die Energie auf anaerobem Weg und sind reich an glykolytischen Enzymen. Sie ermöglichen kraftvolle und schnelle Bewegungen, ermüden aber auch schnell.

Die roten, langsamen Muskelfasern werden von einem dichten Kapillarnetz umgeben, das die Sauerstoffversorgung garantiert. Sie ermöglichen eine lang andauernde Kontraktion mit geringer Frequenz und sind überwiegend bei lang andauernden, ruhigen Ausdauersportarten aktiv. Muskeln, die für unsere aufrechte Körperhaltung verantwortlich sind, z. B. die Rückenmuskulatur, sind reich an ST-Fasern.

Im Kick Box Robic werden im Audauertraining besonders die roten Muskelfasern trainiert, bei der tempogerechten Ausführung der Punches und Kicks die schnellen weißen Muskelfasern.

TOP

1. Bei allen Kickbox-Bewegungen sind immer mehrere Muskeln beteiligt. Agonisten, Antagonisten und Synergisten bestimmen die Qualität der Bewegung.
2. Die Zusammenarbeit der Muskeln (intra- und intermuskuläre Koordination) muss zunächst langsam erlernt und verbessert werden. Erst danach können die Bewegungen schneller und artgerechter ausgeführt werden.
3. Erst auf die Technik konzentrieren. Bewegungen mehrmals langsam hintereinander üben, dann erst die Schnelligkeit erhöhen.
4. Eine Bewegung neu zu erlernen, ist relativ einfach. Später aber falsche Techniken und Bewegungsabläufe zu korrigieren, ist sehr schwierig und mühsam.

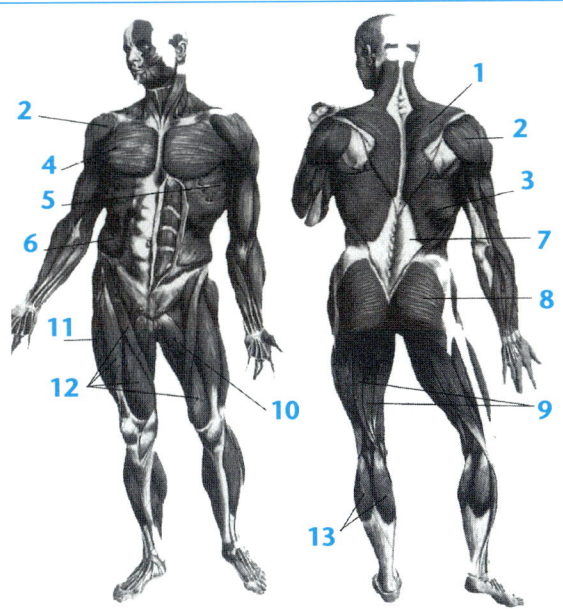

Schultergürtelmuskulatur:
1 Trapezmuskel (M. trapezius), **2** Deltamuskel (M. deltoideus), **3** Breiter Rückenmuskel (M. latissimus dorsi).

Brustmuskulatur:
4 Brustmuskel (M. pectoralis), **5** Vorderer Sägemuskel (M. serratus anterior).

Rumpfmuskulatur:
6 Quere Bauchmuskulatur (M. obliquus abdominis), **7** Rücken-Lenden-Faszie (Fascia thoracolumbalis), **8** Gesäßmuskel (Glutaeus maximus).

Beinmuskulatur:
9 Beinbeuger (Harmstringgruppe), **10** Beinanzieher (Adduktoren, z. B. M. adductor longus), **11** Beinabspreizer (Abduktoren, z. B. M. glutaeus medius), **12** Beinstrecker, vierköpfiger Oberschenkelmuskel (M. quadriceps femoris), **13** Wadenmuskel (M. gastrocnemius)

Abb. 2: Die wichtigsten Muskelgruppen des Körpers (AHONEN, 1994)

Tab. 1: Muskelgruppen, die bei Punches besonders beansprucht werden:

	Streckphase (Punch-Phase)	**Beugephase** (Retracting-Phase)
Jab	Vorderer und mittlerer Deltoideus, Pectoralis Major, Triceps Brachii, äußere und innere quere Bauchmuskeln	Latissimus Dorsi, Trapezius, Rhomboideus, Biceps Brachii, äußere und innere quere Bauchmuskeln
Cross	Vorderer und mittlerer Deltoideus, Triceps Brachii, äußere und innere quere Bauchmuskeln	Latissimus Dorsi, Trapezius, Biceps Brachii, äußere und innere quere Bauchmuskeln
Hook	Vorderer und mittlerer Deltoideus, Pectoralis Major, Serratus Anterior, äußere und innere quere Bauchmuskeln	Latissimus Dorsi, Trapezius, Rhomboideus, äußere und innere quere Bauchmuskeln
Uppercut	Hinterer Anteil des Deltoideus, Latissimus Dorsi, äußere und innere quere Bauchmuskeln	Latissimus Dorsi, hinterer Anteil des Deltoideus, äußere und innere quere Bauchmuskeln

Tab. 2: Muskelgruppen, die bei Kicks besonders beansprucht werden:

	Kniestreckung (Kick-Phase)	**Kniebeugung** (Retracting-Phase)
Front Kick	Iliopsoas, Rectus femoris, Quadricepsgruppe	Harmstrings, Iliopsoas, Rectus Femoris
Back Kick	Harmstrings, Glutaeus Maximus, Quadricepsgruppe	Harmstrings, Glutaeus Maximus
Side Kick	Harmstrings, Iliopsoas, Rectus femoris, Quadricepsgruppe	Harmstrings, Glutaeus Medius
Round-house Kick	Glutaeus Medius, Iliopsoas, Rectus femoris, Quadricepsgruppe	Harmstrings, Iliopsoas, Rectus Femoris, Glutaeus Medius

③ Trainingswissenschaftliche Grundlagen

Von Training redet man dann, wenn Bewegungen planmäßig, systematisch und in zeitlich festgelegten Abständen erfolgen. Ziel des Trainings ist es, die körperliche Leistungsfähigkeit durch überschwellige Reize und stetig ansteigende Belastungen zu steigern.

3.1 Trainingsziele

Ziele des gesundheitsorientierten Ausdauertrainings

- Ökonomisierung der Herz-Kreislauf-Arbeit, d. h. Verringerung der Herzfrequenz und Erhöhung des Schlagvolumens.
- Verbesserte Sauerstoffversorgung des Körpers durch Vermehrung des Hämoglobingehalts und Ausweitung des Kapillarnetzes.
- Aktivierung der Stoffwechselprozesse.
- Bildung von mehr Enzymen sowie erhöhte Laktattoleranz.
- Anheben der anaeroben Schwelle, sodass auch bei intensiverer Belastung möglichst lange die Energieversorgung aerob erfolgt.
- Stärkung des Immunsystems und Steigerung allgemeiner Widerstandskräfte.

Ziele des gesundheitsorientierten Muskeltrainings

- Flächenvergrößerung der Muskelfasern und somit höhere Kraftleistungsfähigkeit.
- Vermehrung der aeroben Enzyme in den Mitochondrien (*Kraftwerke* der Muskelzellen).
- Verbesserung des Muskelzusammenspiels.
- Erhöhte Sauerstoffversorgung.

Kick Box Robic ist ein sehr intensives Training, bei dem stets die gesamte Körpermuskulatur eingesetzt wird. Bei einem gezielten Faustschlag, z.B. einem Cross, wird nicht nur die Ober- und Unterarmmuskulatur beansprucht, sondern der gesamte Bewegungsapparat. Rumpf und Beine unterstützen die Punch-Bewegung, damit der Schlag kraftvoll und effektiv ist.

Kick Box Robic ist eine vielseitige Bewegung, die den gesamten Körper trainiert und alle fünf konditionellen Eigenschaften gleichzeitig fördert.

Die fünf konditionellen Grundeigenschaften sind: (LETZELTER, 1994)

Ausdauer:	Allgemeine Grundlagen-, Schnelligkeits-, Langzeitausdauer
Kraft:	Maximal-, Schnellkraft und Kraftausdauer
Schnelligkeit:	Reaktionsschnelligkeit
Koordination:	Gewandtheit
Flexibilität:	Beweglichkeit

Die Ausdauer bezieht sich dabei auf die Tätigkeit von Herz und Kreislauf, die Kraft auf die Tätigkeit der Muskulatur, die Schnelligkeit auf Reaktionen des neuromuskulären Zusammenspiels, die Beweglichkeit auf den Aktionsradius der Gelenke und die Koordination auf das inter- und intramuskuläre Zusammenspiel.

Abb. 3 zeigt die konditionellen Eigenschaften, die speziell im Kick Box Robic trainiert werden. Die prozentualen Angaben bestimmten dabei in etwa den Anteil jeder einzelnen Konditionsgruppe.

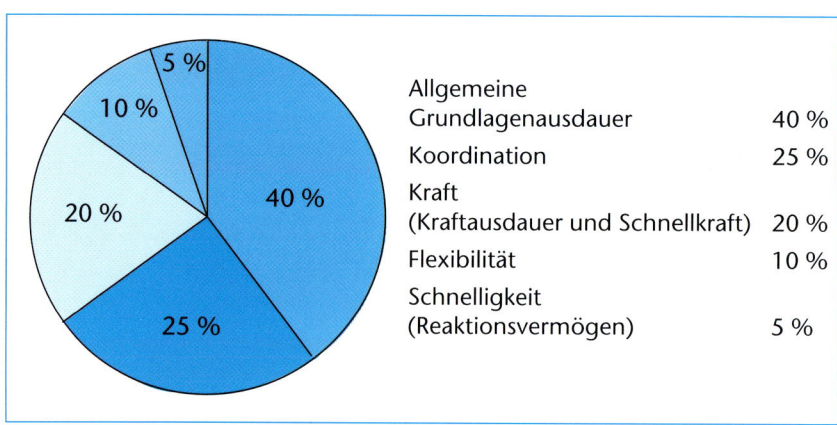

Allgemeine Grundlagenausdauer	40 %
Koordination	25 %
Kraft (Kraftausdauer und Schnellkraft)	20 %
Flexibilität	10 %
Schnelligkeit (Reaktionsvermögen)	5 %

Abb. 3: Prozentuale Verteilung konditioneller Eigenschaften im Kick Box Robic.

TOP

1. In jeder Kick Box-Einheit sollte stets der ganze Körper traininiert werden.
2. Beginnen Sie Ihr Training mit der Technikeinheit, dem korrekten Ausüben aller Punches und Kicks, da Sie zu Beginn noch konzentriert und aufmerksam sind.
3. Danach führen Sie komplexere Bewegungen aus, wie verschiedene Punch-Kick-Kombinationen.
4. Als Nächstes führen Sie zur Entlastung Ihrer geistigen Konzentration einfache Ausdauerübungen durch.
5. Kräftigende Übungen führen Sie nach dem Ausdauerteil durch.
6. Beenden Sie Ihr Training mit dem Stretching.

Training bedeutet also, ein bestimmtes Ziel in einer bestimmten Zeit zu erreichen. Grundsätzlich gilt, dass in regelmäßigen Abständen ein Trainingsreiz gesetzt werden muss, damit Muskeln und Herz-Kreislauf-System zu physiologischen Anpassungsprozessen genötigt werden. Umfang und Intensität des Reizes entscheiden letztendlich, wie viele Stunden oder Tage der Körper Erholung benötigt. In der Erholungsphase baut der Körper nicht nur die Energie auf, die verbraucht wurde, sondern mehr Energie, die über das Ausgangsniveau hinausreicht. Dies ist ein Schutzmechanismus des Körpers, um beim nächsten Training leistungsfähiger und ermüdungsresistenter zu sein. Optimal ist es, wenn das nachfolgende Training genau dann einsetzt, wenn der Aufbau der verbrauchten Energie seinen höchsten Punkt erreicht hat, also im Zenit. In der Trainingswissenschaft wird dieses Prinzip als **Superkompensation** bezeichnet. Ein systematisch aufgebautes Training erfolgt nach diesem Prinzip.

Tab. 3: Belastungsnormative, die den Erfolg des Trainings bestimmen.

Trainingshäufigkeit:	Anzahl der wöchentlichen Trainingseinheiten.
Reizdauer:	Dauer einer Bewegung oder einer Trainingseinheit, z.B. 60 Minunten.
Reizumfang:	8-30 Wiederholungen, 2-6 Durchgänge, bei der Dauermethode sind Reizumfang und Reizdauer identisch.
Reizintensität:	50-80% der maximalen Leistungsfähigkeit.
Reizdichte:	Verhältnis von Belastungs- und Erholungsdauer.

TOP

1. Als Fitnesseinsteiger trainieren Sie zunächst 2-3 x die Woche 30- 60 Minuten nach der Dauermethode.
2. Legen Sie Ihre Trainingstage so, dass Sie einen Tag Ruhe zwischen Ihrem Training haben, z. B: Dienstag, Donnerstag und Sonntag (siehe Tab. 7, S. 36).
3. Nach drei Monaten trainieren Sie 3-5 x die Woche 30-60 Minuten nach der Dauermethode.
4. Nach fünf Monaten erhöhen Sie Ihr Training auf 60-90 Minuten.
5. In den ersten sechs Monaten trainieren Sie mit 50-60 %, ab dem siebten Monat mit 60-70 % Ihrer maximalen Leistungsfähigkeit.
6. Nach sieben Monaten können Sie die Reizintensität erhöhen, das heißt, Sie steigern die Bewegungsgeschwindigkeit und trainieren 1 x die Woche nach der extensiven Intervallmethode.

3.2 Trainingsmethoden

Ausdauertraining

Ausdauer ist die Fähigkeit, eine bestimmte muskuläre Leistung lang andauernd zu erbringen, ohne zu ermüden und sich gleichzeitig nach einer Belastung möglichst schnell zu erholen bzw. zu regenerieren.

Ausdauer =
Ermüdungswiderstandsfähigkeit + schnelle Wiederherstellungsfähigkeit

Man unterscheidet die **lokale** und die **allgemeine Ausdauer**. Bei der **allgemeinen Ausdauer** wird mindestens ein Sechstel bis ein Siebtel der gesamten Skelettmuskulatur beansprucht. Weiterhin wird die Ausdauer unterteilt nach der Arbeitsform (dynamisch oder statisch) sowie nach der Art der Energiebereitstellung (aerob oder anaerob).

Um Ausdauer zu trainieren, kann man sich verschiedener Trainingsmethoden bedienen. Für ein gesundheitsorientiertes Fitnesstraining eignen sich die **Dauermethode** und die **extensive Intervallmethode**.

Dauermethode

Fitnesseinsteiger trainieren Ihre Ausdauer zunächst nur nach der Dauermethode.

Diese Methode wird bevorzugt eingesetzt, um eine allgemeine Grundlagenausdauer aufzubauen sowie Körperfett abzubauen. Die Belastung wird hierbei ununterbrochen ohne Pausen durchgeführt. Der Trainingsgewinn ergibt sich aus der langen Bewegungsleistung, bei der alle physiologischen Prozesse relativ gleichmäßig und konstant ablaufen.

Trainingswirkungen der Dauermethode:

- Ökonomisierung der Herz-Kreislauf-Arbeit.
- Verbesserung der peripheren Durchblutung.
- Erweiterung des aeroben Stoffwechsels mit erhöhter Fettverbrennung.
- Überwiegende Beanspruchung der langsam arbeitenden roten, ausdauernden Muskelfasern.
- Ausbildung eines stabilen Bewegungsstereotyps.
- Gewöhnung an Arbeitsbelastungen.

Merkmale der Dauermethode:

- Gleichmäßige Belastung zwischen 50-70 % der maximalen Leistungsfähigkeit.
- Üben ohne Pausen.
- Großer Belastungsumfang und Belastungsdauer von 30 Minutenzwei Stunden.

Trainingsdurchführung:

- 10 Minuten aufwärmen (Übungen Kap. 4.1 und 5.1).
- 15 Minuten Punches (Kap. 4). Je Seite 8-20 Wiederholungen, 2-5 Durchgänge.
- 10 Minuten Ausdauerteil (Kap. 6.2).
- 15 Minuten Kicks (Kap. 5). Je Seite 6-8 Wiederholungen, 2-6 Durchgänge.
- 10 Minuten Ausdauerteil (Kap. 6.2).
- 10 Minuten abwärmen (Kap. 6.4).

Trainingshinweise:

Üben Sie die Bewegungen in einem ruhigen und gleich bleibenden Tempo aus. Führen Sie viele Wiederholungen pro Seite durch. Sehr effektiv für das Ausdauertraining speziell im Kickboxen ist das Seilspringen am Platz. Anfänger sollten 5-7 Minuten, Fortgeschrittene 10-15 Minuten ohne Pause springen.

Intervallmethode

Wenn Sie als Fitnesseinsteiger ca. sieben Monate nach der Dauermethode trainiert haben und sich eine gewisse Grundlagenausdauer aufgebaut haben, können Sie nun auch 1 x in der Woche nach der extensiven Intervallmethode trainieren. Die Intervallmethode eignet sich gut, um in kurzer Zeit einen hohen Trainingseffekt zu erzielen. Zwischen aerober und anaerober Energiegewinnung wird ständig gewechselt. Die Intensität in dem Trainingsintervall ist höher, die anschließende Pause führt nur zu einer unvollständigen Erholung.

Jede Intervallmethode zeichnet sich durch den planmäßigen Wechsel von Belastung und Erholung aus. In der Erholungsphase kommt es allerdings nur zu einer unvollständigen Erholung. Man spricht in der Trainingswissenschaft dabei von *lohnenden Pausen*, denn innerhalb des ersten Drittels der Pause erholt sich der Körper besonders schnell. Die Intervallpause wird beendet, wenn der Puls unter 120 Schläge/Minute abgesunken ist, spätestens allerdings nach drei Minuten. Bei einer vollständigen Pause würde man solange warten, bis der Puls auf das Ausgangsniveau zurückgegangen ist.

 ### Trainingswirkungen der extensiven Intervallmethode:

- Erweiterung der maximalen Sauerstoffaufnahmekapazität.
- Verbesserung des gemischten aerob-anaeroben Stoffwechsels unter vermehrter Glykogennutzung.
- Entwicklung der anaeroben Kapazität, d. h. höhere Toleranz gegenüber Laktatansammlung im Blut, Verbesserung der Säuretoleranz und Pufferkapazität, schnellerer Abbau von Laktat.
- Überwiegende Beanspruchung der schnell arbeitenden weißen Muskelfasern.
- Ausprägung sportarttypischer Bewegungstechnik.

Merkmale der extensiven Intervallmethode:

- 75- 85 % der maximalen Leistungsfähigkeit.
- Belastungsdauer 1-3 Minuten.
- Pause: HF-Abfall bis unter 120 Schläge/Minute, aber nie länger als drei Minuten.
- Wiederholungen der Intervalle: 3-10.
- Belastungsumfang: 30-40 Minuten.

Trainingsdurchführung:

Fitnesseinsteiger: Intervalldauer: eine Minute, Intervallpause HF-Abfall unter 120 Schläge/Minute, Richtzeit drei Minuten. Pause unbedingt aktiv gestalten, d. h., der ganze Körper bleibt locker in Bewegung.

Fitnessfortgeschrittene: Intervalldauer: drei Minuten. Intervallpause HF-Abfall unter 120 Schläge/Minute, Richtzeit maximal zwei Minuten. Pause unbedingt aktiv gestalten.

Praxisbeispiele für Ihr Intervalltraining:

1. Sie gestalten Ihre Intervalle mit allgemeinen High und Lowimpact-Bewegungen (Kap. 6.2).
   Intervall, hohe Belastung: Jumping Jack, Knee Lift, Joggen, Seilspringen
   Intvervallpause, geringe Belastung: Marschieren, Seitschritte, Anfersen.

2. Sie kombinieren allgemeine Ausdauerelemente mit spezifischem Kick Box-Training (Kap. 4 und 5 und 6.2).
   Intervall: Jab rechts und links im Wechsel, Jumping Jack, Flurry, Speed Bag, Shuffle, Knee Lift, Front Kick, Roundhouse Kick.
   Intervallpause: Marschieren, Seitschritte, Anfersen.

3. Sie führen spezifische Kickbox-Schläge und Tritte aus (Kap. 4, 5 und 6.1).
   Intervall: Schnelle Schläge wie Jab, Jab-Cross-Kombis, Flurry, Speed Bag, Front Kick, Shuffle, Roundhouse Kick.
   Intervallpause: Punches oder Kicks sowie Punch-Kick-Kombinationen im halben Tempo.

Muskeltraining

Je nachdem, wie oft und wie intensiv Sie eine Übung ausführen, trainieren Sie die Muskelfasern in unterschiedlicher Weise. Üblicherweise möchten Frauen besonders Brust-, Bauch-, Bein- und Gesäßmuskulatur straffen, sodass ihr Körper schlanker und proportionierter aussieht. Für dieses Ziel ist es sinnvoller, ein Muskeltraining nach der Kraftausdauermethode auszuführen. Die Gewichte sind relativ gering, die Wiederholungszahl eher höher.

Tab. 4: Beispiel für die Gestaltung des Kickbox-Muskeltrainings nach der Kraftausdauermethode

Kraftausdauermethode:

- 3-5 x die Woche, 20-60 Minuten.
- 8-10 verschiedene Übungen für die großen Muskelgruppen.
- Geringe Intensität, 30-50 % der maximalen Leistung (d. h. kleine Gewichte).
- Hohe Wiederholungszahl der Übungen (12-30 x).
- 3-6 Durchgänge.
- Pausen zwischen den Durchgängen relativ kurz.
- Langsame Bewegungsausführung.

Anders ist ein Training, bei dem gezielt mehr Muskelmasse aufgebaut werden soll und die Muskelfasern sich verdicken und ein größeres Kraftpotenzial entwickeln (Muskelhypertrophie). Das optische Erscheinungsbild sind dicke und klar erkennbare Muskeln. Diese Trainingsform wird häufiger von Männern bevorzugt.

Tab. 5: Beispiel für die Gestaltung des Kickbox-Muskeltrainings nach der Kraftaufbaumethode

Muskelaufbautraining:

- 2-6 x die Woche, 20-60 Minuten.
- Hohe Intensität, 60-80 % der maximalen Leistung (d. h. schwerere Gewichte, Einsatz von Hand- und Fußgewichten).

- Geringe Wiederholungszahl der Übungen (6-12 x).
- 2-5 Durchgänge.
- Pausen zwischen den Durchgängen bis zu zwei Minuten.
- Schnelle und kraftvolle Bewegungsausführung.

Trainingssteuerung

Es gibt zwei Möglichkeiten, Ihre Belastung subjektiv zu bewerten; anhand des *Talk-Tests* und der BORG-Skala. Der *Talk-Test* ist eine gute Möglichkeit, während des Trainings die Intensität zu bemessen. Wenn Sie sich bei Ihren Aktivitäten noch gut unterhalten können, wird Ihr Körper ausreichend mit Sauerstoff versorgt und die Belastungsintensität ist richtig. Bei der zweiten Möglichkeit versuchen Sie, Ihre Belastung anhand einer groben Skala einzuschätzen und anhand einer Zahl zu bewerten. Orientieren Sie sich dabei an Tab. 6.

Tab. 6: BORG-Skala (AFFA, 1999) Rating of Perceived Exertion Scale (RPE)

Wie empfinde ich die Belastung?

	Bewertung
6	Sehr, sehr leicht
7	
8	sehr leicht
9	
10	leicht
11	
12	etwas anstrengend
13	
14	anstrengend
15	
16	sehr anstrengend
17	
18	
19	sehr, sehr anstrengend
20	

Für ein gesundheitsorientiertes, allgemeines Fitnesstraining sollte Ihre Belastung im subjektiven Belastungsbereich zwischen 12 und 14 RPE liegen.

Eine objektivere Einschätzung Ihrer Belastung erhalten Sie durch das Pulsmessen. Der Trainingspuls hilft, die Intensität richtig zu steuern. Berechnen Sie Ihren individuellen Trainingspuls nach dem folgenden Beispiel anhand Tab. 6. Diese Berechnung gilt nur für völlig gesunde Personen ohne medizinische Risikofaktoren wie Übergewicht, Diabetes, Herz-Kreislauf-Schwächen, Schwangere usw.. Sollten Sie sich über Ihren gesundheitlichen Zustand unsicher sein, lassen Sie sich unbedingt vor Beginn Ihrer Trainingsaufnahme von einem Arzt untersuchen.

Tab. 7: Berechnung der individuellen Trainingsherzfrequenz nach der KARVONEN-Formel (AFFA, 1999)

1. Ermittlung der Ruheherzfrequenz (RHF):
   Bevor Sie morgens aufstehen, messen Sie 15 Sekunden Ihren Puls am Handgelenk oder an der Halsschlagader und multiplizieren dies mit 4.
2. Ermittlung der individuellen maximalen Herzfrequenz (MHF):
   220 minus Lebensalter in Jahren.
3. Ermittlung der Herzschlagreserve (HSR):
   Individuelle maximale Herzfrequenz minus Ruheherzfrequenz.
4. Trainingsintensität:
   Richtwerte: Fitnessanfängerinnen trainieren mit 50-60 % ihrer maximalen Leistungsfähigkeit, Fortgeschrittene mit 60-70 % (bzw. 75-85 % bei extensiver Intervallmethode).
5. Ermittlung der individuellen Trainingsherzfrequenz:
   Individuelle maximale Herzfrequenz (2) minus Ruheherzfrequenz (1), dies multipliziert mit Trainingsintensität (4) plus Ruheherzfrequenz (1).

KARVONEN-Formel für die Berechnung der individuellen Trainingsherzfrequenz:

(MHF – RHF) x % Intensität + RHF

Beispiel:
Eine 30-jährige Frau beginnt heute ihr Training und startet mit wöchentlich 2-3 Stunden (Fitnessanfängerin).

1. Ruheherzfrequenz: 15 x 4 = 60 Schläge/Minute
2. Maximale Herzfrequenz: 220 – LA = 220 – 30 = 190
3. Herzschlagreserve: 190 – 60 = 130
4. Trainingsintensität: 55 %
5. Individuelle Trainingsherzfrequenz: 130 x 55 % = 130 x 0,55 = 71,5
   71,5 + 60 = 131,5 aufrunden auf 132

Führen Sie nun die gleiche Rechnung mit einer Trainingsintensität von 50 % durch. Dadurch erhalten Sie die Untergrenze, das Minimum Ihrer Trainingsbelastung.

Ergebnis:
Die individuelle Trainingsherzfrequenz für den aeroben Ausdauerbereich beträgt bei diesem Beispiel 132 Schläge/Minute als Maximum und 125 Schläge/Minute als Minimum. Trainieren Sie also so, dass Ihr Puls zwischen 125-132 HF liegt. Diese Werte gelten für das Grundlagenausdauertraining nach der Dauermethode. Wenn die Frau in diesem Beispiel nach ca. sieben Monaten ein Training nach der extensiven Intervallmethode durchführen möchte, würde ihr maximaler Trainingspuls im Intervall bei 158 Schlägen/Minute liegen (bei einer Belastungsintensität von 75 % und einem Ruhepuls von 60).

Der Erholungspuls gibt Auskunft darüber, wie schnell sich der Körper von einer Belastung erholt und zeigt Ihre tatsächliche Ausdauerleistungsfähigkeit. Der Erholungspuls wird drei Minuten nach dem Ende der höchsten Trainingsbelastung gemessen und sollte 15-20 % unter dem Wert der Trainingsherzfrequenz liegen.
   Beispiel: Trainingsherzfrequenz: 132 Schläge/ Minute, Puls nach höchster Belastung. Der Erholungspuls sollte dann bei etwa 112 Schlägen/Minute liegen. Liegt Ihr Erholungspuls über diesem Wert, sollten Sie sich mit langsamem Gehen und leichter Gymnastik so lange abwärmen, bis dass der Puls unter 110 Schläge/Minute gesunken ist.

3.3   Musikauswahl

Kick Box Robic wird in der Regel zu Musik ausgeführt. Das macht mehr Spaß und ist motivierender. Wenn Sie sich für Musik entscheiden, sollte die Musikgeschwindigkeit zwischen 125-135 bpm (Schläge pro Minute) liegen, für Fortgeschrittene maximal bei 140 bpm. Dies ist ein mäßiges Tempo. Ideal sind vorgefertigte Aerobic-Kassetten spezieル für Kickboxen, da Sie nie Pausen haben und der Musikcharakter den Schlag- und Trittbewegungen entspricht. Natürlich können Sie auch zu jeder anderen Musik aus dem Radio trainieren, oder eben ohne Musik.

Punches werden in der Regel jeweils auf eine Zählzeit durchgeführt, Kicks auf zwei Zählzeiten. Am Anfang sollten Sie viel im halben Tempo arbeiten, um sich zunächst auf eine gute Technik zu konzentrieren.

Wenn Sie zu Hause für sich alleine Kickboxen, brauchen Sie nicht laut zu zählen. Wichtig ist nur, dass Sie sich darüber im Klaren sind, wann und wie schnell Sie welche Bewegung ausführen möchten und wann ein Kick oder Punch erfolgen soll. Die Bewegungsabfolge sollte klar und eindeutig sein, damit Sie Ihren Punches und Kicks die entsprechend benötigte Kraft und Schnelligkeit geben können. Ein zielloses und gelegentliches Schlagen und Treten ist nicht sehr effektiv.

3.4   Stundenaufbau

Sie bestimmen, in welcher Art und Weise Sie Ihr Training durchführen. Es ist von Ihren persönlichen Interessen und Vorlieben abhängig.

In einem **Drill-Style** ist das Training durch eine hohe Wiederholungszahl der gleichen Bewegung gekennzeichnet. Um Verletzungsrisiken zu vermeiden, sollten Sie aber nie mehr als acht Sprünge oder Tritte pro Bein ausüben. Beim Drill-Style wird die Musik oft nur als Hintergrund eingesetzt.

Im Combination-Style (Choreographed-Style) erfolgt das Kick Box-Training, in starker Anlehnung an eine Aerobic-Stunde, mit hohen Anteilen an

Schritt-, Schlag- und Trittkombinationen. Die Bewegungen erfolgen grundsätzlich exakt zur Musik, die im Aerobic üblichen 32er Phasen bleiben erhalten.

Im Free-Style tun Sie das wozu Sie gerade Lust haben.

TOP

Gestalten Sie Ihre Trainingseinheit im Kick Box Robic Basic wie folgt:

Aufwärmen: 5-10 Minuten (Kap. 4.1 und 5.1)
Hauptteil: 45-90 Minuten (Kap. 4-7)
Stretching: 10-15 Minuten (Kap. 6.4)

Der Hauptteil unterteilt sich in ein Techniktraining, bei dem erst im langsamen Tempo, am besten ohne Musik, Schläge und Tritte geübt werden. Danach werden die Bewegungen verfestigt und schneller ausgeführt. Ergänzt wird das Training durch ein spezifisches Koordinations-, Kraft- und Ausdauertraining.

TOP

Der Hauptteil sieht wie folgt aus:

1. Techniktraining: 10-20 Minuten (Kap. 4, 5 oder 7)
2. Koordinationstraining: 10-15 Minuten (Kap. 6.1 oder 7)
4. Ausdauertraining: 15-30 Minuten (Kap. 6.2)
3. Muskeltraining: 10- 25 Minuten (Kap. 6.3)

Selbstverständlich wärmen Sie sich vor jedem Training mit den Übungen 1-4 und 11-14 auf und beenden Ihr Training mit dem Stretching, Übungen 44-52.

Tab. 8: DDS-Training
Beispiel für eine wöchentliche Trainingsgestaltung für 3x 60-90 Minuten

Wochentag	Trainings-schwerpunkte	Übungen
Dienstag	Technik	5, 6, 9, 15, 16, 17, 21
	Jab, Cross, Front Kick, Back Kick, Side Kick	
	Koordination	22, 24, 25, 26, 29, 30, 31
	Ausdauer	34 und 35 im Wechsel oder ohne Pausen Nr. 36
Donnerstag	Techniktraining	7, 8, 10, 18, 19, 20
	Uppercut, Hook, Roundhouse Kick, Shuffle, Slipping	
	Koordination	23, 27, 28, 32, 33
	Kraft	37-43
Sonntag	Komplettes Übungs-programm	1-52
	Insbesondere Ausdauer	Mehrmals 36
	Kraft	37-43

Praxisübungen

4 Techniktraining Arme: Punches

Bevor Sie mit Ihrem sportlichen Training beginnen, sollten Sie sich von Ihrem Hausarzt unbedingt untersuchen lassen und seine Befürwortung bzw. Einschränkung beachten. Dies gilt insbesondere für Personen, die längere Zeit sportlich inaktiv waren sowie bestimmte Risikogruppen (Personen mit Bluthochdruck, Diabetes, Rücken- oder Gelenkschmerzen, Herz-Kreislauf-Schwächen u. Ä.).

Jeder Punch wird in zwei Phasen unterteilt: **dem Punch** (Schlagbewegung, Punchphase) und dem **Zurückziehen** (Retracting-Phase). Beide Bewegungen sind gleich wichtig und ermöglichen erst in Kombination einen korrekt ausgeführten Schlag. Der Agonist ist für die Schlagbewegung verantwortlich, der Antagonist hemmt die Bewegung, sodass jeder Schlag gebremst und kontrolliert ausgeführt wird. Der Punch ist kurz, schnell und kraftvoll. Das Ellbogengelenk wird niemals ganz durchgestreckt. Damit ein Punch kraftvoll ist, wird nicht nur mit den Armen gearbeitet, sondern der ganze Körper eingesetzt. Man spricht hierbei von einer so genannten **kinetischen** Kette, d. h., die Bewegung beginnt in den Beinen, von dort wird das Bewegungsmoment auf den Oberkörper übertragen, dann zu den Schultern, Armen und schließlich bis in die Faust.

Punch – Hinweise

- Der korrekte Schlag wird mit einer locker geschlossenen Faust durchgeführt. Der Daumen umschließt von außen die Finger und wird auf den Handrücken gelegt.
- Das Handgelenk wird nicht überstreckt, sondern bildet mit dem Ellbogengelenk und dem Unterarm eine gerade Linie.
- Das Ellbogengelenk wird niemals ganz durchgestreckt.
- Jeder Schlag wird durch den ganzen Körper unterstützt. Dazu ist eine entsprechende Körperdrehung und schnelle Beinarbeit notwendig.
- Halten Sie den Kopf stets aufrecht und schützen Sie ihn mit Ihren Fäusten, die auf Kinnhöhe gehalten werden.
- Atmen Sie rhythmisch mit dem Schlag. Wenn Sie den Schlag ausführen, einen imaginären Partner treffen, atmen Sie aus.

- Geben Sie jedem Schlag eine feste Richtung und genügend Kraft.
- Jeder Schlag besteht aus zwei Phasen.
- Beginnen Sie zunächst langsam. Achten Sie auf eine korrekte Schlag-technik und exakte Körper- und Fußbewegung. Danach verfestigen Sie die Bewegung und erhöhen langsam das Tempo. Erst wenn Sie damit sicher sind, sollten Sie verschiedene Punch- und Kick-Kombi-nationen ausprobieren.
- Führen Sie jeden Schlag mit dem linken und rechten Arm aus.
- Wiederhloen Sie jeden Schlag pro Seite 8-20 x.
- Führen Sie 2-5 Durchgänge durch.

4.1 Warm-up

Wärmen Sie sich vor jedem Training unbedingt 5-10 Minuten auf, um Ver-letzungen vorzubeugen.

 Ziele

- Aktivierung des Herz-Kreislauf-Systems mit Anstieg der Herzfre-quenz.
- Erhöhung der Muskel- und Körperkerntemperatur.
- Steigerung der Muskeldurchblutung und Öffnung der Kapillaren (der kleinsten Blutgefäße).
- Sensibilisierung der Muskelspindelaktivitäten. Ermöglicht höhere Beweglichkeit.
- Verbesserung der Koordination.
- Erhöhte Kontraktionsgeschwindigkeit der Muskeln.
- Verringerte Verletzungsanfälligkeit.

Aktiv-dynamische Dehnübungen sind sportartspezifischer und bereiten den Körper besser auf Belastungen vor. Hierbei werden mehrfach wieder-holt fließende Bewegungen ausgeführt. Wichtig ist, dass Sie bei dieser Me-thode weder ziehen, reißen oder nachfedern. In geringen Anteilen werden statische Dehnübungen durchgeführt. Hierbei wird ein Halten in der Endstellung angestrebt und für ca. 10 s gehalten.

Übung 1: *Schulterkreisen und Seitschritt*

Führen Sie einen Seitschritt nach rechts aus, kreisen Sie dabei die rechte Schulter von vorne nach hinten. Stellen Sie das linke Bein an das Rechte heran. Führen Sie einen Seitschritt nach links aus, kreisen Sie dabei die linke Schulter. Führen Sie 12 Wiederholungen aus.

Übung 2: *Arme kreuzen und am Platz marschieren*

Marschieren Sie am Platz. Die Arme sind im Ellbogengelenk leicht gebeugt. Führen Sie beide Arme gleichzeitig vor dem Körper nach vorne und
kreuzen Sie die Arme vor der Brust. Führen Sie 12 Wiederholungen aus.

Übung 3: *Dehnung der Schultergürtelmuskulatur*
Standposition: Beine sind schulterbreit geöffnet und leicht gebeugt. Nehmen Sie beide Arme auf Brusthöhe vor dem Körper zusammen, neigen Sie langsam das Kinn zur Brust nach unten. Halten Sie die Dehnung für 10 s, führen Sie 2-3 Wiederholungen aus.

Übung 4: *Knie zum Ellbogen*

Verschränken Sie die Arme hinter dem Kopf, die Ellbogen zeigen nach außen. Heben Sie das rechte Knie bis zur Waagerechten an und drehen Sie gleichzeitig den Oberkörper und den linken Ellbogen Richtung Knie, danach bringen Sie das linke Knie und den rechten Ellbogen zusammmen. Führen Sie je Seite 8-16 Wiederholungen aus.

Kick-Boxing – Ausgangspositionen im Stand

1. Frontale Grundstellung (Ready Position)

Die Füße sind schulterbreit auseinander, die Kniegelenke leicht gebeugt. Die Knie stehen in einer gedachten Linie über den Fußspitzen. Das Gewicht ist gleichmäßig auf beide Beine verteilt. Die Fußstellung sollte so gewählt werden, dass jederzeit eine Körperbewegung nach allen Seiten möglich ist. Die Ellbogengelenke sind leicht gebeugt, die Hände zu einer Faust geschlossen. Die Hände werden unter dem Kinn gehalten, um das Gesicht zu schützen. Die Bauchmuskulatur ist etwas angespannt.

2. Schrittstellung (Staggered Position)

Die Füße werden in Schrittstellung gestellt, wobei der vordere Fuß gerade nach vorne aufgestellt wird. Der hintere Fuß ist seitwärts ausgedreht. Denken Sie daran, dass ein Boxer stets zu schnellen Bewegungswechseln bereit ist. Also zwar fest steht, aber am Platz nicht festgewachsen ist. Die Ferse des hinteren Beins kann leicht angehoben werden. Steht das rechte Bein vorne, wird der rechte Arm vor das Kinn genommen, linker Arm und linkes Bein sind hinten. Spannen Sie Oberkörper-, Bauch- und Rumpfmuskulatur an, ohne die Schultern zu verkrampfen.

4.2 Jab

Der Jab (gerader Fauststoß) wird aus der Schrittstellung geschlagen. Der Jab ist ein gerader Stoß mit der Führhand, der vorderen Hand. Im Boxsport wird dieser Schlag dazu benutzt, den Gegner auf Abstand zu halten und den Kampf zu führen. Dieser Schlag wird sehr oft benutzt und hat einen kurzen Weg. Er wird schnell ausgeführt, aber nicht mit vollem Krafteinsatz.

Übung 5:

Schrittstellung: Ist das rechte Bein vorne, wird der Jab mit dem rechten Arm ausgeführt. Der Jab wird aus der Schulter geschlagen und durch eine Vorwärtsbewegung der Hüfte unterstützt. Blockieren Sie nicht das Ellbogengelenk. Der Ellbogen zeigt beim Schlag nach unten. Vor dem Schlag wird nicht ausgeholt.

4.3 Cross

Der Cross (Punch) wird aus der Schrittstellung geschlagen. Dieser Schlag wird beim Boxen mit der Schlaghand, der hinteren Hand, ausgeführt. Im Gegensatz zum Jab kreuzt der Cross etwas die Mittellinie, sodass bei diesem Schlag der Oberkörper mitdreht. Vom hinteren Bein drücken Sie sich ab, drehen Fuß, Knie, Hüfte, Schulter und Oberkörper nach vorne und verlagern Ihr Gewicht auf das vordere Bein. Heben Sie vom hinteren Bein die Ferse an und drehen Sie auf dem Fußballen. Ihr Bein und Knie zeigen nach vorne. So geben

Sie dem Cross seine Kraft. Der Cross ist kraftvoller als der Jab und wird auch *Power-Punch* genannt. Der Cross zielt auf den gegnerischen Kopf.

Übung 6:

Schrittstellung: Rechtes Bein ist vorne. Die Beine sind leicht gebeugt. Die Ferse des hinteren Beins ist angehoben. Sie drehen Hüfte und Oberkörper nach vorne. Achten Sie darauf, dass Sie den hinteren Fuß im Kniegelenk mit nach vorne drehen. Verlagern Sie Ihr Gewicht auf das vordere Bein und strecken Sie gleichzeitig den linken Arm nach vorne zum Schlag. Der Ellbogen wird von unten gerade nach oben gehoben. Das Ellbogengelenk bleibt leicht gebeugt.

4.4 Uppercut

Der Uppercut (Aufwärtshaken) kann aus der frontalen Grundstellung oder Schrittstellung geschlagen werden. Aus der Schrittstellung heraus wird der Uppercut mit dem vorderen Arm geschlagen. Dieser Schlag ist ein Schlag von unten nach oben, ein Aufwärtshaken mit gebeugtem Arm. Der Uppercut zielt auf das gegnerische Kinn und die Rippen, wobei die Vorderseite der Faust Kontakt zum Gegner hat.

Übung 7:

Schrittstellung: Rechtes Bein ist vorne, der Uppercut wird dann mit dem rechten Arm ausgeführt. Die Faust wird in einer kleinen Kreisbewegung von unten (Bauchhöhe) bis nach oben (Kinnhöhe) geführt. Die Handinnenfläche zeigt zum eigenen Gesicht. Die Hüfte wird seitlich leicht abgenickt. Der gesamte Oberkörper wird in den Schlag mit eingesetzt.

4.5 Hook

Der Hook (Seitwärtsha-ken) kann aus der frontalen Grundstellung oder Schrittstellung ge-schlagen werden. Übli-cherweise wird er aus der Schrittstellung ge-schlagen und zwar mit der Schlaghand, der hinteren Hand. Der Hook ist ein kurzer Schlag, der über die Außenseite auf Schulter-höhe nach innen vor die Brust geführt wird. Nur durch den Einsatz und die Drehung des Körpers wird der Schlag kraftvoll. Während des Schlags bleibt der Ellbo-gen ca. 95° gebeugt. Der Handrücken des schlagenden Arms zeigt in der Endposition zur

Decke. Das exakte Timing der Drehung des Körpers und die Gewichtsver-lagerung vom hinteren auf den vorderen Fuß sind bei diesem Schlag für seinen Erfolg ausschlaggebend. Ziele des Hooks sind das gegnerische Kinn und die Nase.

Übung 8:

Schrittstellung: Rechtes Bein ist vorne. Der Hook wird mit dem hinteren, linken Arm vom hinteren Bein aus geschlagen. Aus der Ausgangsposition wird der linke Am gebeugt von außen (15 Uhr) mit einer schnellen Körper-drehung nach innen (18 Uhr) gebracht und vor der Körpermittellinie abgestoppt. Drehen Sie nicht nur die Hüfte, sondern auch das Knie des hinteren Beins mit.

Tab. 9: Punch – Fehler und Korrekturen im Überblick

	Fehler	**Korrektur**
Box-grund stellung	1. Arme nicht eng genug am Körper. 2. Fäuste zu niedrig. 3. Fäuste zeigen zum Körper. 4. Schultern hochgezogen. 5. Oberkörper nicht stabilisiert.	1. Ellbogen berühren Rippen. 2. Unters Kinn führen. 3. Handgelenke in neutraler Position, nicht verdrehen. 4. Schultern lockern. 5. Bauch- und Rückenmuskulatur anspannen.
Jab	1. Punch geht über die Körpermittellinie hinaus. 2. Schlagarm wird nicht gerade nach oben geführt. 3. Ellbogengelenk wird ganz durchgestreckt. 4. Knie fallen während des Schlags nach innen.	1. Korrektur im Spiegel. 2. Ellbogen gerade von unten nach oben hochführen. 3. Rechtzeitig Schlag abbremsen, kontrollierte Bewegung ohne große Kraftanstrengung. 4. Beine anspannen.
Cross	1. Nicht kraftvoll genug, Oberkörper rotiert nicht. 2. Knie und Hüfte sind gegeneinander verdreht. 3. Ellbogen überstreckt.	1. Oberkörper mitdrehen, in die Bewegungsrichtung schauen 2. Ferse des hinteren Beins anheben und Fuß und Knie mitdrehen. 3. Arm früher zurückführen.
Upper-cut	1. Arm wird während des Schlags geöffnet. 2. Knie verdreht.	1. Biceps anspannen. 2. Ferse anheben, auf Fußballen drehen, Hüfte mitdrehen und leicht zur Seite abknicken.
Hook	1. Arm wird während des Schlags geöffnet. 2. Faust wird zu niedrig gehalten.	1. Biceps anspannen. 2. Gegnerische Nase anpeilen.

4.6 Flurry

Übung 9:

Frontale Boxgrundstellung: Die Beine sind schulterbreit geöffnet, die Knie leicht bis stark gebeugt, das Gesäß wird etwas abgesenkt. Die Arme werden auf Brusthöhe gehalten. Vor dem Körper werden viele kleine, schnelle Kreisbewegungen ausgeführt. Es sieht aus wie kleine Mini-Uppercuts. Hier ist eine hohe Geschwindigkeit wichtig und keine Kraft. Führen Sie die Übung ohne Pausen 30-60 s durch. Lockern Sie die Arme aus und führen Sie 3-5 Durchgänge durch.

4.7   Speed Bag

Übung 10:

Ausgangsposition wie zuvor: Stellen Sie sich vor, Sie wollten mit Ihren Fäusten einen Boxsack über Kopf schlagen. Diese Schläge könen Sie entweder nur mit dem rechten bzw. linken Arm oder im Wechsel ausführen. Führen Sie diese Übung wie Übung 9 aus.

5 Techniktraining Beine: Kicks

Eine gute Beinarbeit ist wichtig, um sicher agieren zu können. Die Beinbe-
wegungen sind locker, schnell und flach, müssen gleichzeitig aber eine
gute Standfestigkeit gewährleisten. Für das Kick Box Robic werden als Ausgangsposition die *frontale Boxstellung* oder die *Schrittstellung* (S. 45/46) benutzt. Grundsätzlich gilt, dass bei der Schrittstellung das Bein vorne ist,
welches die Seite der Führhand ist. Also, linkes Bein vorne, linke Hand ist
dann die Führhand und die rechte Hand die Schlaghand.

Kicks – Hinweise:

- Die Arme bleiben bei allen Kicks in der Grundstellung und schützen Kopf und Kinn.
- Schauen Sie in die Richtung, in die der Kick erfolgt.
- Atmen Sie aus, wenn Sie Ihr Bein strecken, dann, wenn Sie Ihren ima-ginären Gegner treffen würden.
- Das Standbein bleibt immer leicht gebeugt. Oberkörper- und Rumpf-muskulatur sind angespannt, um den Körper zu stützen.
- Lassen Sie die Schultern locker.
- Führen Sie Ihre ersten Kicks zunächst niedrig aus. Für den Anfang ist es völlig ausreichend, wenn Sie den Oberschenkel nur ca. 45° anhe-ben und von dort nach schräg unten kicken. Wenn Sie schon mehrere Monate regelmäßig Kick Box Robic trainiert haben und sehr beweg-lich geworden sind, können Sie höhere Kicks ausführen (90°).
- Haben Sie Gleichgewichtsprobleme beim Side Kick, Roundhouse Kick oder Back Kick halten Sie sich zu Beginn an der Wand oder an einem Stuhl fest.
- Beginnen Sie mit langsamen Bewegungen. Zeitlupentempo ist ideal, um die Technik kennen zu lernen und gleichzeitig das Gleichgewicht zu schulen, denn das werden Sie bei den Kicks nun unbedingt brauchen.
- Führen Sie alle Kicks mehrfach aus, um die Technik zu üben, ca. 6-8 x pro Beinseite.
- Führen Sie 2-6 Durchgänge durch. Wechseln Sie gleichmäßig zwi-schen rechter und linker Körperseite ab.
- Erhöhen Sie langsam und behutsam das Bewegungstempo und die Intensität.

- Führen Sie die Kombinationsübungen (Übungen 22-33) erst dann aus, wenn Sie jeden einzelnen Punch und Kick sicher beherrschen.
- Um Ihren Rücken nicht falsch zu belasten, sollten Sie nie Front Kicks und Back Kicks im Wechsel ausführen. Führen Sie besser 4 x Front Kick rechts, dann 4 x Back Kick links aus.

5.1   Warm-Up

Übung 11: *Seitneigen*

Beine stehen schulterbreit geöffnet und sind leicht gebeugt. Atmen Sie ein, nehmen Sie dabei den rechten Arm seitlich am Körper vorbei nach oben, atmen Sie aus, neigen Sie den Oberkörper zur linken Seite. Halten Sie die Dehnung. Führen Sie das Gleiche zur anderen Seite aus, wiederholen Sie dies 4-8 x.

Übung 12: *Marschieren mit Front Kicks*

Marschieren Sie auf der Stelle. Bei jedem dritten Schritt kicken Sie jeweils das rechte und linke Bein nach vorne. Kicken Sie niedrig und locker. Führen Sie dies ca. drei Minuten lang aus.

Übung 13: *Halbe Kniebeuge*

Stellen Sie die Beine schulterbreit geöffnet auf, die Knie sind leicht gebeugt. Senken Sie das Gesäß etwas ab, sodass das Kniegelenk mehr als 100° geöffnet ist.

Atmen Sie aus, wenn Sie die Beine strecken. Führen Sie 8-16 Wiederholungen mit 2-3 Durchgängen aus.

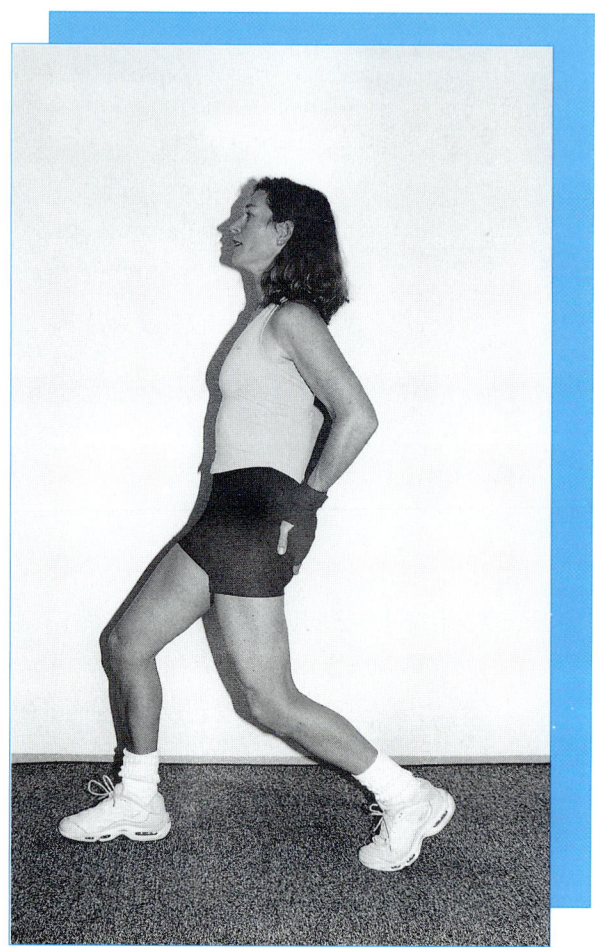

Übung 14: *Dehnung Hüftbeuger*

Sie stehen in Schrittstellung, verlagern Sie Ihr Gewicht auf das vordere Bein. Senken Sie langsam Ihr Gesäß etwas ab, halten Sie das Becken aufgerichtet, Oberkörper gerade. Gehen Sie so weit nach unten, bis Sie auf der Oberschenkelvorderseite und in der Hüftbeuge des hinteren Beins eine angenehme Dehnung wahrnehmen. Halten Sie dies für 10 s, wechseln Sie dann die Seite.

5.2   Front Kick

Der Front Kick (Vorwärtsfußstoß) kann aus beiden Boxgrundpositionen ausgeführt werden. Er ist der schnellste und direkteste Kick. Er kann sowohl mit dem vorderen wie auch mit dem hinteren Bein getreten werden.

Übung 15:

Zunächst ziehen Sie den Oberschenkel bis zur Waagerechten an. Kicken Sie dann locker aus dem Kniegelenk den Unterschenkel nach vorne. Strecken Sie das Bein nicht ganz durch. Ziehen Sie das Bein wieder bis zur Waagerechten und stellen es in die *Grundposition* zurück.

5.3   Back Kick

Der Back Kick (Rück-
wärtsfußstoß) kann
aus beiden Box-
grundpositionen aus-
geführt werden. Der
Back Kick ist ein Tritt
nach hinten, der den
gegnerischen Rumpf
zum Ziel hat. Mit der
Ferse getreten, ist es
einer der härtesten
Fußstöße. Damit der
Rücken bei diesem
Tritt entlastet wird,
sollte der Oberkörper
leicht und gerade
nach vorne geneigt
werden. So wird eine
extreme Lenden-
lordose (Holhkreuz-
haltung) vermieden.
Blicken Sie in Tritt-
richtung.

Übung 16:

Aus der *Grundposition* ziehen Sie das Knie auswärts über die Seite bis zur
Waagerechten an. Der Fuß ist angezogen (geflext). Neigen Sie nun den
Oberkörper etwas nach vorne. Spannen Sie die Bauch- und Rückenmus-
keln an, um Ihren Oberkörper zu stabilisieren. Strecken Sie das Bein, ohne
das Kniegelenk zu blockieren, schnell und kräftig nach hinten. Führen Sie
danach das Bein in die *Grundstellung* zurück.

5.4   Side Kick

Der Side Kick (Seit-
wärtsfußstoß) wird aus
der *Schrittstellung* und
meist mit dem vorderen
Bein getreten. Der Side
Kick hat den gegneri-
schen Rumpf zum Ziel,
d. h., Sie müssen nicht
sehr hoch kicken, son-
dern kräftig. Stellen Sie
sich vor, Sie würden mit
Ihrem Fuß ein Brett zer-
treten. Der Fuß würde
in voller Fläche das Brett
berühren. Konzentrie-
ren Sie sich auf die richtige Positionierung der
Ferse, von wo der Stoß
ausgeht. Dieser Tritt ist
sehr kraftvoll. Führen
Sie danach das Trittbein
in umgekehrter Reihen-
folge schnell in die Aus-
gangsposition zurück.

Übung 17:

Aus der *Schrittstellung* (rechtes Bein vorne) neigen Sie den Oberkörper
leicht zur Seite. Das Standbein, das linke Bein, bleibt leicht gebeugt. Ziehen Sie das Knie des Kickbeins, hier das rechte, seitlich bis zur Waagerechten hoch. Das rechte Knie ist noch ca. 90° gebeugt. Spannen Sie das Gesäß an und führen Sie einen kräftigen Tritt gerade zur rechten Seite durch.
Strecken Sie das rechte Bein in der Kniestreckphase aber nicht ganz durch.
Führen Sie danach das Bein schnell wieder zur Waagerechten (hüfthoch)
zurück und nehmen Sie wieder die Ausgangsposition ein.

5.5 Roundhouse Kick

Dieser Halbkreisfußstoß kann aus beiden Boxgrundpositionen ausgeführt werden. Der Roundhouse Kick wird über die Außenseite nach innen geführt und möglichst hoch getreten. Ziel dieses Kicks ist der gegnerische Oberkörper. Der Fuß des Kickbeins ist gestreckt. Die Hüfte wird geöffnet und der Oberkörper zur Trittrichtung gedreht. Im Gegensatz zum Side Kick ist der Roundhouse Kick erheblich schneller und weniger kraftvoll. Mit dem Roundhouse Kick würden Sie nicht das Brett zerschlagen, sondern es Ihrem Gegner aus der Hand kicken. Kontakt zum Brett also nicht der flache Fuß und die Ferse, sondern die Fußspitze.

Übung 18:

Aus der *frontalen Boxgrundstellung* wird zunächst die Hüfte etwas seitlich nach oben geöffnet. Dann heben Sie das Knie bis über die Waagerechte an, der Unterschenkel hängt locker herab, das Knie ist 90° im Kniegelenk gebeugt. Halten Sie die Hüfte offen, drehen Sie den Oberkörper frontal nach vorne, während Ihr Blick seitlich zur Trittrichtung gedreht ist. Strecken Sie dann das Knie in einer kurzen, schnellen Bewegung nach oben. Neigen Sie den Oberkörper nur leicht über die Mittellinie von der Trittbewegung weg. Führen Sie dann das Bein schnell in die Ausgangsposition zurück.

5.6 Shuffle

Übung 19:

Ausgangsposition ist die *frontale Box-grundstellung,* die Füße stehen schulterbreit auseinander und sind leicht gebeugt. Verlagern Sie Ihr Körpergewicht von dem einen auf das andere Bein. Stellen Sie sich vor, Sie tänzeln schnell und leicht von der einen zur anderen Seite. Es haben nur die Fußballen Kontakt zum Boden. Die Bewegung ist leicht, fließend und schnell.

Variation: Sie können den Boxer's Shuffle auch mit einem Punch kombinieren. Wenn Ihr Gewicht auf dem rechten Bein ist, führen Sie einfach einen geraden Schlag, Jab, mit rechts nach vorne oder zur Seite aus. Wechseln Sie auf das linke Bein, führen Sie gleichzeitig mit dem linken Arm einen Jab aus usw.

5.7   Slipping

Übung 20:

Aus der Ausgangsposition, *frontale Grundstellung*, werden Kopf und Oberkörper schnell zur rechten und linken Seite bewegt, um einem gegnerischen Punch auszuweichen. Die Füße bleiben dabei stehen, die Hände
werden in der Grundposition unter dem Kinn gehalten.

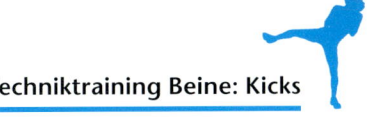

5.8   Bob und Weave

Übung 21:

Ausgangspositionen sind entweder die *frontale Grundstellung* oder die *Schrittstellung*. Das Körpergewicht wird von der einen zur anderen Seite verlagert, der Oberkörper bewegt sich dabei mit. Sie tauchen sozusagen unter dem gegnerischen Schlag durch, um ihm auszuweichen.

Tab.10: Kicks – Fehler und Korrekturen im Überblick

	Fehler	**Korrektur**
Front Kick	1. Oberkörper kippt zu weit nach hinten. 2. Bein schwingt.	1. Bein niedriger kicken und Bauchmuskulatur anspannen. 2. Erst Hüfte beugen, dann Knie strecken.
Back Kick	1. Zu starkes Hohlkreuz. 2. Gleichgewichtsverlust. 3. Knie ganz durchgestreckt.	1. Hüfte beugen und Oberkörper nach vorne verlagern. 2. Bein niedriger kicken. 3. Erst Hüfte beugen, dann Knie strecken.
Side Kick	1. Fußspitze zeigt nach oben statt nach vorne. 2. Gleichgewichtsverlust. 3. Knie ganz durchgestreckt.	1. Hüfte zeigt nach vorne. 2. Bein niedriger kicken. 3. Bein schneller zurückführen.
Round-house Kick	1. Bein schwingt. 2. Gleichgewichtsverlust. 3. Knie ganz durchgestreckt.	1. Hüftbeugung und Kniestreckung hintereinander ausführen. 2. Bein niedriger kicken. 3. Bein schneller zurückführen.

Konditionstraining

Das Konditionstraining im Kick Box Robic setzt sich aus folgenden vier Grundeigenschaften zusammen: Koordination, Kraft, Ausdauer und Beweglichkeit.

Nachfolgend werden Praxisbeispiele für ein spezielles Konditionstraining für das Kick-Boxing aufgeführt. Wenn Sie diese Übungen regelmäßig aus-üben, werden Sie merken, wie fitt Sie sich bereits nach 6-8 Wochen fühlen!

6.1 Koordination: Punch- und Kick-Kombinationen

Nachdem Sie die einzelnen Schlagbewegungen ausreichend isoliert geübt haben, können Sie alle Punches und Kicks miteinander kombinieren.

Diese Kombinationen sind DAS spezifische Koordinationstraining für Kick Box Robic. Die Bewegungen zeugen nicht nur von mehr Kampfnähe, sondern machen auch viel Freude.

Übungshinweise:

- Ihr Koordinationstraining sollte pro Trainingseinheit ca. 10-15 Minuten betragen.
- Beginnen Sie in der ersten Woche mit zwei einfachen Übungen, in jeder weiteren Woche können Sie ein oder zwei weitere Übungen dazunehmen. Variieren Sie die Übungen.
- Führen Sie jede Übung mit rechts beginnend, dann mit links beginnend durch.
- Wiederholen Sie jede Kombination pro Seite 8-15 x.
- Führen Sie 3-6 Durchgänge pro Übung aus.
- Beginnen Sie jede Kombinationsübung zunächst sehr langsam. Üben Sie sie solange, bis Sie die Ausführung sicher beherrschen.

Tab. 11: Beispiel für die Gestaltung des Koordinationstrainings

Erste Woche	Übungen 23 und 29
Zweite Woche	Übung 22, 24, 25, 26
Dritte Woche	Übung 23, 27, 28, 30
Vierte Woche	Übung 22, 29, 30, 31
Fünfte Woche	Übung 26, 30, 32, 33
Sechste Woche	Übung 23, 25, 26, 28, 29, 30, 32

Für die Gestaltung Ihres Wochentrainings (Sonntag-Sonntag) können Sie sich an Tab. 8, Seite 36 orientieren.

Wenn Sie aus der *Grundposition Schrittstellung* in die Fortbewegung kommen möchten, geschieht dies nur über Nachstellschritte. Das vordere Bein wird dabei in die Richtung gesetzt, in die Sie sich bewegen möchten. Das hintere Bein wird einfach nachgestellt. Der Abstand zwischen vorderem und hinterem Bein sollte immer gleich groß sein, etwa hüftbreit auseinander.

Erklärung für die Übungsausführung
1-R-Jab, 2-L-Cross, 3-R-Jab, 4-L-Cross bedeutet:

Die Zahlen stehen für die Reihenfolge der Ausführung. R bedeutet mit rechts, L mit links, die letzte Bezeichnung gibt die Art des Schlags/Tritts an.

Beispiel: Auf der Zählzeit 1 führen Sie mit der rechten Hand einen Jab aus, auf Zählzeit 2 mit der linken Hand einen Cross, auf Zählzeit 3 führen Sie mit der rechten Hand wieder einen Jab aus und zuletzt nochmal mit links einen Cross. Achten Sie darauf, dass Ihre Beingrundstellung Schlagbewegungen entsprechend korrekt gewählt wird. Wenn Sie einen Jab mit rechts ausführen, steht das rechte Bein vorne, der Cross kann dann nur mit der linken Hand geschlagen werden.

Übung 22: **Kombination: Jab-Jumping Jack**

Zählen Sie: 1-2-R-Jab, 3-4-R-Jab, 5-6 Jumping Jack, 7-8 Jumping Jack, 1-2-L-Jab, 3-4-L-Jab, 5-6 Jumping Jack, 7-8 Jumping Jack.

Sie stehen in der *frontalen Boxgrundstellung*. Führen Sie hintereinander zwei Jabs mit rechts, dann zwei Jamping Jacks aus. Führen Sie direkt danach zwei Jabs mit links und wieder zwei Jumping Jacks aus. Wechseln Sie stetig zwischen rechter und linker Seite.

Übung 23: **Kombination: *Jab-Speed Bag***

Zählen Sie: 1-2-R-Jab, 3-4-R-Jab, 5-6- Speed Bag über Kopf, 7-8-Speed Bag über Kopf.

Sie stehen in *Schrittstellung*, rechtes Bein ist vorne. Führen Sie hintereinander zwei Jabs mit rechts, dann mehrmals hintereinander Speed Bag über Kopf aus. Führen Sie die Übung zunächst mehrmals nur mit Jab rechts aus, wechseln Sie dann die Körperseite.

Übung 24: *Kombination Jab-Cross*

Zählen Sie: 1-R-Jab, 2-L-Cross, 3-R-Jab, 4-L-Cross.

Schrittstellung, rechtes Bein vorne. Mit dem rechten Arm führen Sie jeweils einen Jab aus, mit dem linken Arm einen Cross.

Übung 25: **Kombination: Jab-Jab-Cross-Pause**
Zählen Sie: 1-R-Jab, 2-R-Jab, 3-L-Cross, 4-Pause – Arme in Grundposition.

Ausgangsposition wie zuvor. Konzentrieren Sie sich auf eine gute Technik.
   Beginnen Sie auf Zählzeit 1 erneut von vorne. Wiederholen Sie die Kombination erst langsam, dann zügiger.

Übung 26: **Kombination: Jab-Jab-Jab-Cross**
Zählen Sie: 1-R-Jab, 2-R-Jab, 3-R-Jab, 4-L-Cross.

Schrittstellung, rechtes Beine vorne. Mit jedem Jab geht das rechte Bein einen kleinen Schritt nach vorne, das linke Bein wird entsprechend nachgezogen (Nachstellschritt), der Cross wird dann mit der linken Hand im Stand ausgeführt. Achten Sie beim Cross darauf, dass Sie Ihren ganzen Körper einsetzen und das Knie nach vorne drehen. Danach gehen (oder joggen) Sie vier Schritte wieder normal zurück.

Übung 27: **Kombination: Jab-Cross-Uppercut-Pause**
Zählen Sie: 1-R-Jab, 2-L-Cross, 3-R-Uppercut, 4-Pause.

Ausgangsposition wie zuvor. Alle Schläge werden am Platz ausgeführt, ohne Fortbewegung. Achten Sie auf die richtige Schlagausführung und eine saubere Bein- und Körperarbeit.

Übung 28: **Kombination: Jab-Cross-Uppercut-Hook**
Zählen Sie: 1-R-Jab, 2-L-Cross, 3-R-Uppercut, 4-L-Hook.

Schrittstellung, rechtes Bein vorne. Führen Sie die Kombination zunächst mehrmals im Zeitlupentempo durch, steigern Sie dann erst langsam das Tempo. Achten Sie darauf, dass Sie Ihren Körper für jeden unterschiedlichen Schlag richtig einsetzen (Körper-, Hüft- und Kniedrehungen).

Übung 29: *Kombination: Kniebeuge mit Front Kick*

Zählen Sie: 1-2-Squat, 3-4-R-Front Kick, 5-6-Squat, 7-8 L-Front Kick.

Aus der leichten Kniebeuge, die Beine stehen hüftbreit auseinander und sind ca. 100° im Kniegelenk gebeugt, führen Sie jeweils im Wechsel mit dem rechten und dem linken Bein einen Front Kick aus.

Übung 30: *Kombination: Kniebeuge mit Side Kick*
Zählen Sie: 1-2-Squat, 3-4-R-Side Kick, 5-6-Squat, 7-8 L-Side Kick.

Aus der leichten Kniebeuge, die Beine stehen hüftbreit auseinander und sind ca. 100° im Kniegelenk gebeugt, führen Sie jeweils im Wechsel mit dem rechten und linken Bein einen Side Kick aus.

Übung 31: *Kombination: Front Kick und Side Kick*

Zählen Sie: 1-2-R-Front Kick, 3-4-L-Front Kick, 5-6-R-Front Kick, 7-8-L-Side Kick.

Führen Sie drei Front Kicks mit rechts aus und ein Side Kick mit dem linken Bein aus. Wechseln Sie danach die Beinseite. Wiederholen Sie die Übung 8-12 x je Seite.

Übung 32: *Kombination: Boxer's Shuffle und Roundhouse Kick*

Führen Sie mehrere Boxer's Shuffles aus, hin und wieder üben Sie im Wechsel mal mit dem rechten und linken Bein einen Roundhouse Kick. Wenn sie im Achterryhthmus zur Aerobic-Musik üben möchten, führen Sie auf den Zählzeiten 1-6 Boxer's Shuffle durch, beginnen Sie zur rechten Seite und führen auf 7 und 8 mit dem rechten Bein einen Roundhouse Kick aus.

Übung 33: ***Kombination: Side Kick-Roundhouse Kick-Cross***

Zählen Sie: 1-2 R-Side Kick, 3-4 R-Side Kick, 5-6-R-Roundhouse Kick, 7-8-L-Cross

Sie stehen in der *frontalen Boxgrundstellung* und nehmen die Arme in Schutzhaltung. Führen Sie mit dem rechten Bein zwei Side Kicks, dann mit dem rechten Bein ein Roundhouse Kick und zuletzt mit dem linken Arm einen Cross aus.

6.2 Ausdauertraining

Damit Sie sich eine allgemeine Grundlagenausdauer aufbauen können, sollten Sie je Trainingseinheit mindestens 15-30 Minuten die nachfolgenden Übungen durchführen.

Übung 34: *Knee Lift*

Aus der *Grundposition* heben Sie im Wechsel das rechte und linke Knie an. Der Oberschenkel wird dabei bis zur Waagerechten angehoben. Führen Sie das 2-5 Minuten durch.

Übung 35: **Jumping Jack**

Hampelmann springen. Öffnen Sie Arme und Beine gleichzeitig. Führen Sie das 8 x aus.

Kombinieren Sie danach Übung 34 und 35 im kontinuierlichen Wechsel, ohne Pausen für 3-5 Minuten.

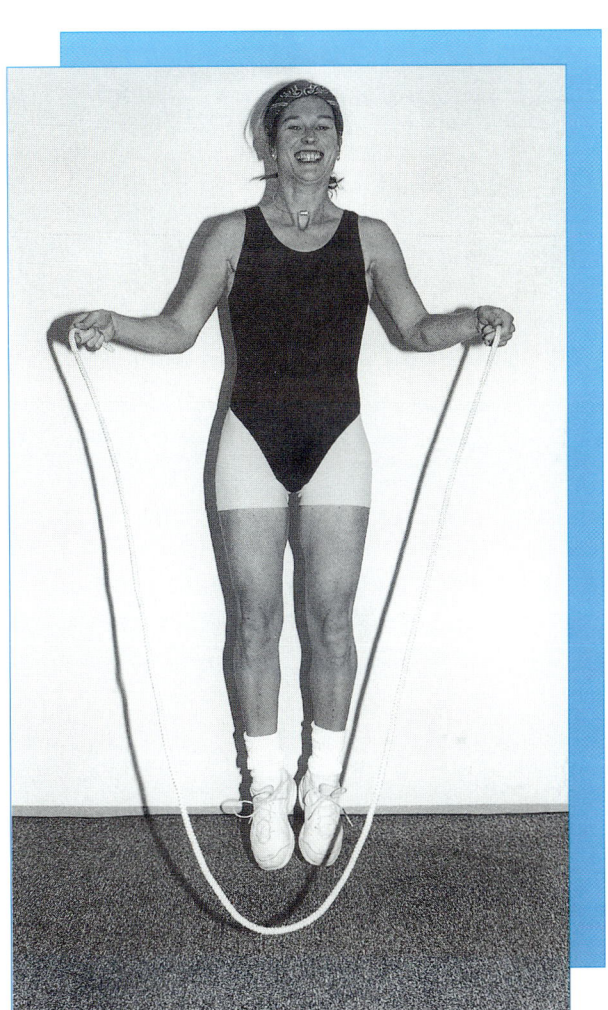

Übung 36: **Seilspringen am Platz**

Wenn Sie kein Platz für Seilspringen haben, imitieren Sie die Bewegung. Fitnesseinsteiger springen 5-7 Minuten, Fortgeschrittene 10-15 Minuten ohne Pausen. Machen Sie eine Minute Pause und führen Sie einen zweiten Durchgang durch.

6.3 Muskeltraining

Nachdem Sie schnelle und langsame Punches und Kicks durchgeführt haben, sollten Sie noch 10-20 Minuten das folgende Muskeltraining durchführen. Hier werden besonders die Muskeln trainiert, die speziell im Kick Box Robic benötigt werden.

Übungsausführung:
Wiederholen Sie jede Übung 15-30 x und führen Sie 2-6 Durchgänge durch.

Übung 37: *Knee Raise*
Sie stehen mit leicht gebeugten Beinen schulterbreit auseinander. Heben Sie das rechte Knie über die Seite bis zur Hüfte an und führen Sie gleichzeitig den rechten Ellbogen zum rechten Knie.

Übung 38: *Roundhouse Kick im Vierfüßlerstand*

Sie knien auf allen vieren. Mit der rechten Seite führen Sie mehrmals hintereinander Roundhouse Kicks aus.

Übung 39: *Liegestütz am Boden*

Bei der einfachen Variante winkeln Sie die Beine ab. Beugen Sie die Arme und senken Sie langsam Ihren Oberkörper zum Boden. Achten Sie darauf, dass sich Oberkörper und Gesäß gleichzeitig absenken. Atmen Sie aus, wenn Sie sich nach oben drücken. Bei der fortgeschrittenen Ausführung stellen Sie beide Fußspitzen auf den Boden und strecken beide Beine ganz durch.

Übung 40: **Oberkörper anheben**

Sie liegen auf dem Bauch, spannen Ihr Gesäß an und heben den Oberkör-per ca. 10 cm vom Boden ab. Halten Sie die Anspannung für 15 s Wiederholen Sie die Übung 3-6 x.

Übung 41: **Beine anheben**

Sie liegen auf der linken Körperseite, Ihr Kopf liegt auf dem linken Arm. Stützen Sie sich mit dem rechten Arm vor dem Körper ab. Heben Sie beide Beine gestreckt 5-10 cm Boden ab. Heben und senken Sie die Beine langsam auf und ab.

Übung 42: Oberkörper seitwärts anheben
Ausgangsposition wie zuvor. Diesmal bleiben die Beine am Boden liegen und Sie heben nur den Oberkörper seitwärts 5-10 cm vom Boden ab.

Übung 43: Crunch
Sie liegen auf dem Rücken, die Beine sind aufgestellt. Heben und senken Sie langsam den Oberkörper 10-20 cm an, die Lendenwirbelsäule liegt fest auf der Matte auf.

6.4 Stretching

Genauso wichtig wie das Aufwärmen im Sport ist das Cool down. Das Stretching beseitigt Verkürzungsrückstände der Muskulatur, macht sie wieder weich und elastisch und vergrößert das Kraftpotenzial jeder einzelnen Muskelfaser. Denn ein verkürzter Muskel kann nicht die gleiche Kraft entwickeln wie ein gut gedehnter Muskel.

Nur, wenn Sie im Cool down die Muskulatur richtig dehnen, sind Sie in der nächsten Stunde wieder voll fit. Ein ständiges Nichtdehnen der Muskulatur führt auf lange Sicht zu einer Verkürzung der Muskulatur und zu Fehlhaltungen. Das Stretching führt zu einer völligen Dekontraktion der Muskulatur und zum Absinken der Muskelspannung. Nehmen Sie sich für das Stretching immer 10-15 Minuten Zeit. Zunächst führen Sie einfache Schritte aus (Marchieren, Seitschritte), um Ihren Kreislauf zu beruhigen und die Herzfrequenz zu senken. Danach führen Sie die nachfolgenden Übungen aus.

 Ziele

- Verbesserung der Flexibilität und Beweglichkeit.
- Beruhigung des Herz-Kreislauf-Systems.
- Reduzierung der Herzfrequenz.
- Beschleunigter Abtransport von Stroffwechselendprodukten.
- Beschleunigte Einleitung regenerativer Stoffwechselprozesse und Erholung.
- Förderung psychischer Entspannung und Gelöstheit.

Übungsausführung:

- Im Cool down werden überwiegend statische Dehnübungen ausgeführt.
- Stretching sind Dehnübungen zur Steigerung der Flexibilität. Die Dehnübungen werden mindestens 30 s gehalten.
- Mit einer tiefen Ausatmung gehen Sie in die Dehnposition hinein. Es wird nicht gefedert oder nachgewippt.
- Halten Sie die Position ruhig und entspannt, atmen Sie gleichmäßig.
- Führen Sie jede Übung zur rechten und linken Seite aus.
- Machen Sie 2-3 Durchgänge pro Übung und Körperseite.

Übung 44: *Dehnung der Schultergürtelmuskulatur*

Sie stehen mit leicht gebeugten Beinen etwas mehr als hüftbreit auseinander. Winkeln Sie den rechten Arm ca. 90° im Ellbogengelenk ab und führen Sie ihn mit Gefühl vor dem Körper auf Schulterhöhe nach links.

Übung 45: Dehnung Armstrecker

Ausgangsposition wie zuvor. Heben Sie den rechten Unterarm am Ohr vorbei nach oben an. Lassen Sie den Unterarm locker hängen. Fassen Sie mit der linken Hand an den rechten Ellbogen und führen Sie den gebeugten Ellbogen mit Gefühl hinter den Kopf.

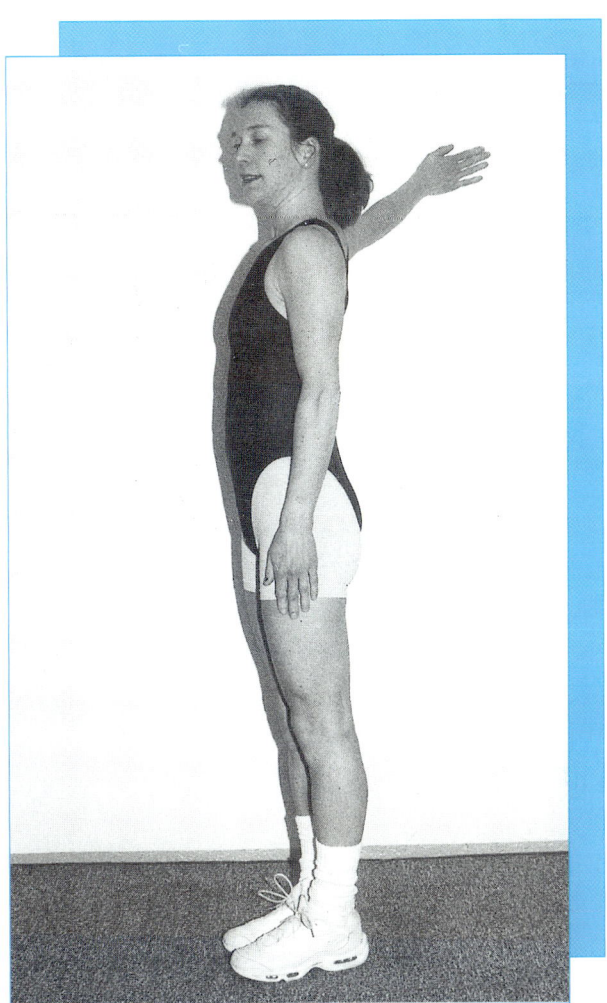

Übung 46: *Dehnung Brustmuskulatur*
Stellen Sie sich mit ca. 20 cm Abstand seitlich mit der rechten Körperseite an eine Wand. Heben Sie den rechten Arm gestreckt an, führen Sie ihn etwas nach hinten. Drehen Sie mit Gefühl Ihren Oberkörper ganz leicht nach links.

Übung 47: **Dehnung der Oberschenkelinnenseite**

Öffnen Sie die Beine ca. 30 cm mehr als schulterbreit. Verlagern Sie Ihr Gewicht auf das linke Bein und senken Sie Ihren Oberkörper mit geradem Rücken zum linken Oberschenkel ab. Beugen Sie das linke Bein nicht tiefer als 95°. Das rechte Bein ist ganz durchgestreckt. Achten Sie darauf, dass Sie die rechte Fußsohle vom Boden abheben, um das Fußgelenk nicht zu überstrecken.

Übung 48: *Dehnung der vorderen Oberschenkelmuskulatur*
Machen Sie einen großen Ausfallschritt nach vorne. Achten Sie darauf, dass das vordere Bein ca. 90° im Kniegelenk gebeugt ist, das hintere Bein ist fast gestreckt. Auf der vorderen Oberschenkelseite und Hüfte sollten Sie ein angenehmes Ziehen wahrnehmen.

Übung 49:

Dehnung der rückseitigen Oberschenkelmuskulatur

Sie liegen auf dem Rücken und stellen das linke Bein an. Fassen Sie mit beiden Händen an das rechte Bein und ziehen es langsam zur Brust heran. Strecken Sie dann den Unterschenkel nach oben zur Decke und strecken Sie das Knie ganz durch.

Übung 50: *Dehnung der unteren Rückenstrecker*

Sie liegen auf dem Rücken, beide Beine sind angestellt. Führen Sie die Hände jeweils in die rechte und linke Kniekehle. Ziehen Sie mit Gefühl beide Knie weit zur Brust heran.

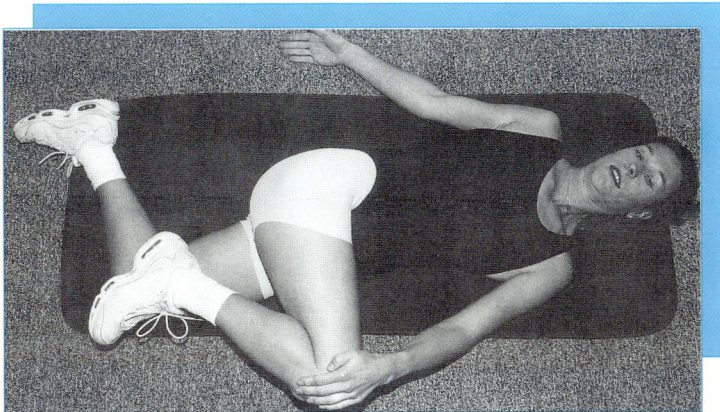

Übung 51: **Dehnung der Oberschenkelaußenseite**

Sie liegen auf dem Rücken, beide Beine sind angestellt. Fassen Sie mit der linken Hand an das rechte Knie. Neigen Sie das gebeugte rechte Bein über das linke Bein zur linken Seite bis zum Boden herab.

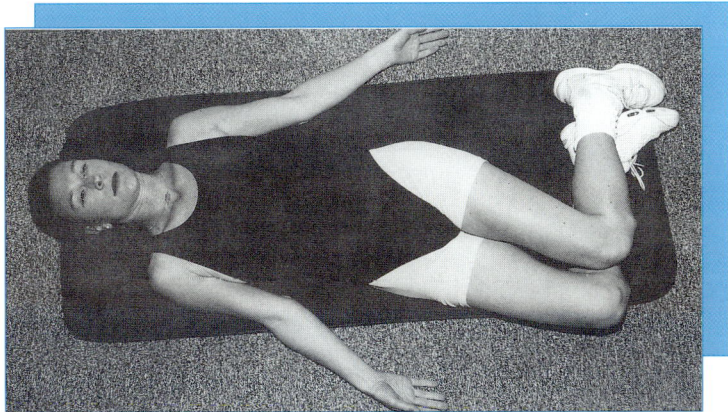

Übung 52: **Beine seitneigen**

Sie liegen auf dem Rücken, beide Beine sind aufgestellt. Neigen Sie beide Beine nach rechts zum Boden. Die Schulterblätter bleiben am Boden. Führen Sie die Beine nur so weit zum Boden, wie das für Sie im Rücken angenehm und schmerzfrei ist.

7 Partnerdrills

Die nachfolgenden Partnerübungen werden Ihnen großen Spaß bereiten, da Sie die Schläge nun zielgerichteter ausführen können. Gleichzeitig trainieren Sie dadurch insbesondere Reaktionsschnelligkeit, Geschicklichkeit und Gewandtheit.

Übungsausführung:

- Führen Sie alle Partnerübungen beidseitig aus, damit Sie Ihren Körper gleichmäßig beanspruchen und nicht nur Ihre Schokoladenseite trainieren.
- Führen Sie zunächst, wie in den Übungen beschrieben, die Drills mit dem rechten Arm beginnend durch, danach mit links.
- Denken Sie daran, alle Jabs leicht locker und schnell auszuführen. Dieser gerade Punch dient ausschließlich dazu, den Gegner auf Distanz zu halten, um den eigentlichen Schlag vorzubereiten. Bleiben Sie locker in den Schultern und beweglich in den Beinen.
- Jede Übung führen Sie 1-3 Minuten aus. Lockern Sie zwischendurch Ihre Arme und Beine aus und wiederholen Sie die Übungen 2-6 x. Danach tauschen Sie die Rollen.

Bevor Sie mit den Partnerübungen beginnen, sollten Sie sich Ihre Hände unbedingt bandagieren. Benutzen Sie dazu ausschließlich boxspezifische Bandagen. Sie sind weniger elastisch und im Stoff fester als medizinische Bandagen. Bei allen Schlägen gegen Widerstände schützen die Bandagen Finger, Handgelenke und Knochen. Zudem stabilisieren sie die Hand und gewährleisten eine korrekte Handführung. Die Bandage sollte so fest sein, dass sie nicht verrutscht, aber auch nicht so eng, dass der Blutfuss unterbrochen wird.

Folgen Sie der nachfolgenden Beschreibung, um die Bandagen richtig anzulegen.

Bandagiertechnik

A: Die Schlaufe befestigen Sie am Daumen und beginnen von dort, das Handgelenk und den Unterarm 3 x zu umwickeln.

B: Nun gehen Sie zu den Fingern und umwickeln oberhalb des Daumens 3 x die Handwurzeln und die Fingergelenke.

C: In einer Acht, die auf dem Handrücken zu sehen ist, umwickeln Sie nun die Handwurzeln bis zu den Fingergelenken sowie das Handgelenk bis zum Unterarm.

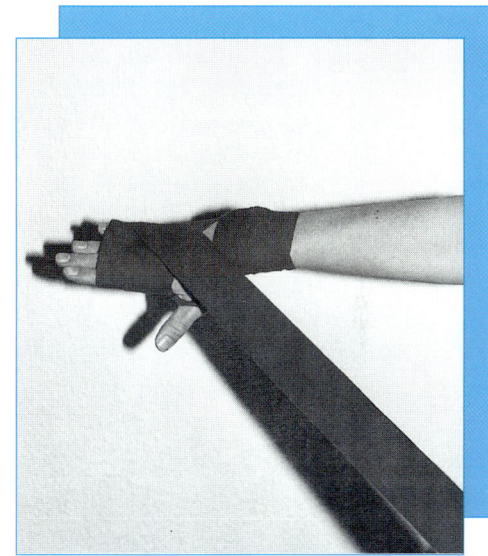

D: Zum Schluss binden Sie das Band um das Handgelenk und schließen den Klettverschluss am Unterarm.

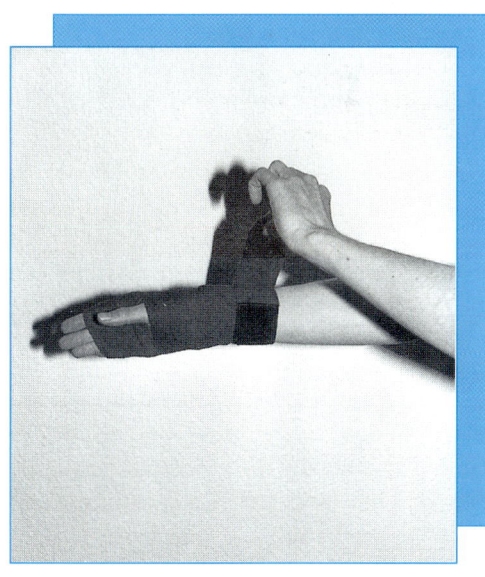

Partner A übernimmt bei den nachfolgenden Übungen den „Schlag-Tritt-Part" und bandagiert sich dafür die Hände. Im Idealfall trainiert Partner A mit Boxhandschuhen. Partner B übernimmt die „Trainerrolle" gibt Übung, Bewegung und Tempo an und achtet auf eine korrekte Ausführung.

Übung 53: Slipping

Partner A und B stehen sich in der *frontalen Boxgrundstellung* gegenüber. Partner B hebt einen Arm brusthoch an und bewegt ihn auf der Waagerechten von rechts nach links. A neigt den Oberkörper nach rechts bzw. links zur Seite und weicht somit B aus. Beginnen Sie langsam, steigern Sie Ihr Tempo allmählich.

Übung 54: **Bob and Weave**

Beide stehen sich in *Schrittstellung* gegenüber und haben das rechte Bein vorne. Die rechten Schultern zeigen zueinander. Partner B schlägt mit rechts mehrere Jabs. A beugt die Beine und taucht unter dem Arm von B durch und weicht somit den gegnerischen Schlägen aus. A verlagert dabei das Gewicht vom vorderen auf das hintere Bein.

Übung 55: *High-Low-Jabs*

Beide stehen sich in *Schrittstellung* gegenüber und haben das rechte Bein
vorne. Die rechten Schultern zeigen zueinander. Partner A führt mit rechts
einen hohen Jab über der Schulter von B durch. Partner B führt gleichzeitig
mit dem rechten Arm einen niedrigen Jab auf Hüfthöhe von A durch. Danach führt A einen niedrigen Jab, B einen hohen Jab aus. Führen Sie hohe
und niedrige Jabs im Wechsel aus.

Übung 56: *Jab aus der Deckung*

Beide stehen sich in *Schrittstellung* gegenüber und haben das rechte Bein vorne. Sie stehen auf Lücke. Partner A nimmt die Arme in Schutzhaltung und geht in Deckung. Aus der Deckung heraus schlägt A mit dem rechten Arm einen Jab gegen die linke Pratsche von B und geht sofort wieder in die Deckung zurück. Achten Sie darauf, dass Sie den Arm schnell wieder in die Grundhaltung zurückführen. Zunächst üben Sie die Übung im Stand, dann in Bewegung. Partner B bedroht A, kommt auf ihn zu und gibt Richtung und Geschwindigkeit der Übung vor.

Übung 57: **Jab-Jab-Jab**

Beide stehen sich in *frontaler Boxgrundstellung* gegenüber. A führt mit rechts zwei Jabs gegen die linke Pratsche von B aus. Danach führt A mit links einen Jab auf die rechte Pratsche von B aus. Beginnen Sie die Punches zunächst langsam und steigern Sie allmählich das Tempo.

Übung 58: **Rückzug und Angriff mit Jab-Jab-Cross**

Beide stehen sich in *Schrittstellung* gegenüber und haben das rechte Bein vorne. Sie stehen auf Lücke. Partner B bewegt sich auf A zu, A weicht zurück und schlägt dabei mit rechts 2 x einen Jab gegen die linke Pratsche von B. Partner A zwingt somit seinen Partner zur Deckung. Dann bleibt Partner A plötzlich stehen, fest und sicher, und schlägt mit dem linken Arm einen Cross.

Übung 59: *Uppercut-Hook*

Ausgangsposition wie zuvor. A schlägt mit rechts einen Uppercut gegen die linke Pratsche von B. B dreht dabei die Pratsche so, dass sie nach unten zum Boden zeigt. Danach schlägt A mit dem linken Arm einen Hook, ebenfalls gegen die linke Pratsche von B. B dreht dafür die Pratsche waagerecht. Beginnen Sie die Punches zunächst langsam und steigern Sie allmählich das Tempo.

Übung 60: *Angriff mit Jab-Hook-Knie-Pause*

Beide stehen sich in *Schrittstellung* gegenüber und haben das rechte Bein vorne. Sie stehen auf Lücke. A schlägt mit rechts einen Jab gegen die linke Pratsche von B. Mit links führt A einen Hook ebenfalls gegen die linke Pratsche von B durch. B dreht dafür die Pratsche waagerecht. Nach dem Hook hebt A das rechte Knie an, bringt die Arme schnell in die Schutzhaltung zurück und bleibt einen kurzen Moment in der Grundposition stehen.

Übung 61: *Angriff mit Jab-Cross-Uppercut-Knie*

Beide stehen sich in *Schrittstellung* gegenüber und haben das rechte Bein vorne. Sie stehen auf Lücke. A schlägt mit rechts einen Jab gegen die linke Pratsche von B. Danach führt A zunächst mit links einen Cross, dann mit rechts einen Uppercut gegen die linke Pratsche von B aus. Beim Uppercut dreht B die Pratsche so, dass die Innenfläche zum Boden zeigt. Zum Schluss führt A die Arme schnell in die Schutzhaltung zurück und hebt dabei das rechte Knie an.

Übung 62: *Side Kick*

Üben Sie zielgerichtete Side Kicks gegen die gegnerische Pratsche. Der Side Kick wird mit Kraft auf Brustkorbhöhe getreten. Stellen Sie sich vor, Sie wollten die Pratsche oder ein Brett entzweibrechen.

Übung 63: **Roundhouse Kick**

Üben Sie zielgerichtete Roundhouse Kicks gegen die gegnerische Pratsche. Der Roundhouse Kick wird schnell und hoch gekickt. Stellen Sie sich vor, Sie versuchten, Ihrem Gegner mit dem Bein etwas aus der Hand weg zu kicken.

8 Anhang

Abbildungen

Tabellen

Literatur

AFFA: Aerobic and Fitness Association of America. Kick-Boxing. Shermon Oaks, CA, 1999.

AHONEN, J.: Sportmedizin und Trainingslehre. Stuttgart 1994.

ANDERSON, B.: Stretching. München 1996.

BLANKS, B.: The Tae-Bo Way. Bantham Book 1999.

LETZELTER, M.: Trainingsgrundlagen. Hamburg 1994.

De MAREES, H.: Sportphysiologie. Köln 1996.

ZINTL, F.: Ausdauertraining. München 1994.

Bildnachweis

Titelfoto: Sportpressefoto Bongarts, Hamburg
Fotos U4: Christoph Klausmann
Fotos (Innenteil): Christoph Klausmann
Umschlaggestaltung: Birgit Engelen, Stolberg